Michael Rosenberger

Wie viel Tier darf's sein?

Die Frage ethisch korrekter Ernährung
aus christlicher Sicht

MICHAEL ROSENBERGER

Wie viel Tier darf's sein?

Die Frage
ethisch korrekter Ernährung
aus christlicher Sicht

echter

Bibliografische Information der Deutschen Nationalbibliothek

Die Deutsche Nationalbibliothek verzeichnet diese Publikation
in der Deutschen Nationalbibliografie; detaillierte bibliografische
Daten sind im Internet über ‹http://dnb.d-nb.de› abrufbar.

1. Auflage 2016
© 2016 Echter Verlag GmbH, Würzburg
www.echter.de

Umschlag: www.wunderlichundweigand.de (Foto: shutterstock)
Satz: Hain-Team (www.hain-team.de)
Druck und Bindung: CPI books – Clausen & Bosse, Leck

ISBN
978-3-429-03968-4
978-3-429-04873-0 (PDF)
978-3-429-06292-7 (ePub)

INHALT

Vorwort.................................... 9

Teil I: **Worum es in diesem Buch geht (Einleitung)** 11
1. Die neue Aufmerksamkeit
   für Ernährung und Fleisch 11
2. Fleischverzehr als Identitätsfrage 14
3. Ernährung
   in der globalisierten Industriegesellschaft 17
4. Vegan meint mehr als nur Ernährung 19
   - 4.1 Vegane Lebensmittel 21
   - 4.2 Vegane Kleidung und Textilien 23
   - 4.3 Vegane Kosmetik und Medizin 24
   - 4.4 Veganer Lebensstil...................... 25

Teil II: **Veganismus ist trendy (Sehen)** 27
1. Wird Deutschland vegan(er)? 27
   - 1.1 Der Fleischverzehr sinkt nicht 29
   - 1.2 Wer sind die VegetarierInnen?............. 32
   - 1.3 Die Jugendszene der VeganerInnen 35
   - 1.4 Der „neue Veganismus".................. 38
   - 1.5 Das Ethos der VegetarierInnen
     und VeganerInnen...................... 40
   - 1.6 Die Attraktivität von Vegetarismus
     und Veganismus....................... 42
   - 1.7 Das „veganste" Land ist Israel.............. 44
   - 1.8 Die Wirtschaft springt auf................ 46

Teil III: **Die überraschende Nähe zwischen Christentum und Vegetarismus (Urteilen)** 49

1. Vegetarismus und Veganismus
in der Geschichte. 49
   - 1.1 Menschwerdung durch Fleischnahrung in prähistorischer Zeit. 50
   - 1.2 Der religiöse Veganismus und Vegetarismus in Indien. 52
   - 1.3 Der philosophische Vegetarismus der Antike. 54
   - 1.4 Der christliche Vegetarismus im Mönchtum. 62
   - 1.5 Der säkulare Vegetarismus der Neuzeit. 69
   - 1.6 Der Anspruch des Vegetarismus und seine Begründung 74

2. Vegetarismus und Veganismus
in moraltheologischer Perspektive 79
   - 2.1 Gesundheitsdebatten sind von gestern. 79
   - 2.2 Der Mensch ist dennoch ein Mischkostesser 83
   - 2.3 Das tierethische Anliegen ist dringend 85
   - 2.4 Tiere verdienen Gerechtigkeit. 88
   - 2.5 Das Leben ist aber voller Kompromisse. 90
   - 2.6 Die Nutzung von Tieren ist unverzichtbar . . 94
   - 2.7 Vegetarische und vegane Lebensweise sind dennoch wertvoll. 98
   - 2.8 Gelassenheit hilft beiden Seiten. 101
   - 2.9 Tierschutz beginnt bei den KonsumentInnen 104
   - 2.10 Die Eucharistie ist eine vegane Speise 108

Teil IV: Die Tiere beim Essen im Blick behalten (Handeln) 111
1. Weniger ist genug. Fleisch maßvoll verzehren 111
   1.1 Den „neuen Mann" propagieren 115
   1.2 Die Symbolik des Fleischs gestalten 117
   1.3 Die Preise für Fleisch spürbar erhöhen. 120
   1.4 Den Geschmack des Fleischs auskosten 125
2. Es geht auch mal ohne.
   „Veganismus auf Zeit" für alle 128
3. Tiere besser halten.
   Fleisch aus ökologischer Tierhaltung 132
4. Den Lebensstil einer Minderheit schätzen.
   Vegetarismus und Veganismus
   als „evangelischer Rat" 136
5. Tiere als TischgenossInnen wahrnehmen.
   Die Vision vom Schöpfungsfrieden 141

Anmerkungen 149

Literatur 155

Vorwort

Im Februar 2016 weilte ich wie fast jedes Jahr eine Woche bei guten alten Freundinnen und Freunden in der Toskana. Doch diesmal passierte etwas, was ich in den 30 Jahren meines Kommens noch nie erlebt hatte: Kaum betrat die junge Generation das Haus, begann sie mit mir und der gesamten um den Esstisch versammelten Großfamilie eine lange Diskussion über vegetarische und vegane Ernährung. Wohlgemerkt aßen die jungen Menschen selbst Fleisch. Und sie hatten einstweilen auch keinerlei Absicht, ihre Ernährungsgewohnheiten zu verändern. Doch ihre tägliche Begegnung mit AltersgenossInnen, die auf vegetarische oder vegane Ernährung umgestiegen sind, trieb sie gedanklich aufs Heftigste um.

Die italienischen Familien, in denen ich verkehre, gehören zum Milieu des akademisch geprägten, intellektuellen und kritisch denkenden Katholizismus. In ihren Debatten gab es noch nie Tabus. Auch ihre Ernährung gestalten sie sehr bewusst. Sie wissen, was sie kaufen, und kennen die Herkunft ihrer Lebensmittel sehr genau. Dafür sind sie bereit, deutlich mehr Zeit und Geld einzusetzen, als wir es in Deutschland gewohnt sind. Und doch war der Fleischverzehr in all den Jahren meiner Verbundenheit mit ihnen nie ein Thema gewesen. Das hat sich mit einem Schlag gewaltig verändert.

Mich hat diese Beobachtung sehr bewegt. Denn wenige Tage vor meiner Reise nach Italien hatte ich das Manuskript für dieses Buch abgeschlossen. Ich hatte mich ein halbes Jahr intensiv mit dem Thema einer Ernährung auseinandergesetzt, die auf Tiernutzung ganz oder teilweise verzichtet. Ich hatte darüber hinaus im deutschsprachigen Raum seit vielen Jahren Diskussionen über diese Themen geführt und meinen eigenen Fleischkonsum schon lange auf ein Minimum reduziert. Aber Italien war für mich immer das Land der Slow-Food-Bewegung gewesen, das Land, in dem man deutlich weniger, aber dafür besseres Fleisch isst. Dass sich Vegetarismus und Veganismus jetzt auch in Italien rasend schnell ausbreiten, hatte ich zwar bei den Arbeiten für dieses Buch gelesen und für das Manuskript rezipiert, aber bisher nicht selbst erlebt. Und jetzt sah ich, dass in der kleinen Stadt meiner Freunde innerhalb eines Jahres drei vegane Restaurants eröffnet hatten.

Vegane und vegetarische Ernährung liegen im Trend. Umso mehr bin ich dankbar, dass Heribert Handwerk und Thomas Häußner vom Echter Verlag mich im Sommer 2015 überzeugten, dieses Buch zu schreiben. Es kommt genau im richtigen Augenblick. Geschrieben habe ich es aber nicht um einer Mode willen, sondern weil ich davon überzeugt bin, dass dieses Thema uns viel zu geben hat. An ihm können wir ablesen, wer wir sind und wie wir uns in einer Welt verorten, die wir Glaubenden als Schöpfung Gottes betrachten. In diesem Sinne wünsche ich allen, ob sie vegan, vegetarisch oder Fleisch essend leben, viele anregende Gedanken und den Mut, alte Gewohnheiten in Frage zu stellen.

Michael Rosenberger
In der Fastenzeit 2016

TEIL I:
Worum es in diesem Buch geht
(Einleitung)

1. Die neue Aufmerksamkeit für Ernährung und Fleisch

Die Wende vom zweiten zum dritten Jahrtausend war in den Industrieländern eine Wende der gesellschaftlichen Wahrnehmung menschlicher Ernährung. Vor dem Jahr 2000 wurde die ethische Dimension menschlicher Ernährung fast vollständig ausgeblendet. Danach stand sie mit einem Schlag im Rampenlicht. Filme im Kino und Dokumentationssendungen im Fernsehen schossen wie Pilze aus dem Boden. Bewegungen wie Slow Food (Gründung in Italien bereits 1986 – ein weitblickender Vorreiter!) und Nichtregierungsorganisationen wie Food Watch (Gründung in Deutschland 2002) fanden immer mehr Zulauf. Wissenschaftliche Netzwerke beschäftigten sich intensiv mit ethischen Fragen der Ernährung. „Food Ethics" ist zwischen 2000 und 2010 zum feststehenden Begriff geworden, gemeinsam mit „Food Politics", „Food Law" und „Food Philosophy". 1999 wurde sogar eine wissenschaftliche „European Society for Agricultural and Food Ethics" gegründet.

Nach einem, vielleicht sogar zwei Jahrhunderten der industriegetriebenen Beschleunigung und Verbilligung des Lebensmittelanbaus und der Lebensmittelverarbeitung deutet sich also eine Umkehr an. Noch findet sie weitgehend in Appellen und Diskussionen statt. Gelebt wird sie höchstens ansatzweise und von einer kleinen Minderheit. Da hat sich der faire Handel eine kleine Nische des Lebensmittelmarkts erobert. Da kaufen manche Menschen konsequent ökologische Produkte. Da wächst die Zahl jener, die auf Fleisch verzichten. Noch ist es ein Minderheitenprogramm. Aber es hat einen Trend in Bewegung gesetzt, der unbeirrt weitergeht und -wächst.

Freilich gibt es auch den Gegentrend, der alle genannten Fortschritte konterkariert und ihre positiven Effekte zunichtemacht: Die überwältigende Mehrheit der KonsumentInnen zahlt auch weiterhin keine fairen Preise, sondern heizt durch ihr wählerisches Einkaufsverhalten einen Preiskampf an, wie er in keinem anderen Segment des Einzelhandels stattfindet. Dem Großteil der Bevölkerung sind Öko- und Bio-Produkte nur so lange erstrebenswert, wie sie nicht mehr kosten als konventionelle Lebensmittel. Und eine Mehrheit der Menschen isst nicht weniger, sondern mehr Fleisch, so dass der durchschnittliche Fleischkonsum in Deutschland unter dem Strich seit Jahren unverändert viel zu hoch ist.

Unter den genannten Aspekten einer ethisch reflektierten Ernährungspraxis wird die Frage des Fleischkonsums und des Verzehrs tierischer Produkte besonders heftig debattiert. Am Leiden der Tiere in der „Intensivtierhaltung" erkennt der Laie am schnellsten, dass die vorherrschende Erzeugung der Lebensmittel viele Rücksichtslosigkeiten beinhaltet. Die Tiere sind schwächer und wehrloser als die schwächsten Menschen im landwirtschaftlichen System. Mit ihnen wird noch härter verfahren als mit SaisonarbeiterInnen während der Ernte und osteuropäischen LeiharbeiterInnen in den Großschlachtereien. Zugleich sind die Tiere leichter wahrnehmbar als die sogenannten Umweltmedien Boden, Luft und Wasser, die die Intensivlandwirtschaft ebenfalls massiv schädigt, und als die Biodiversität, die Lebensvielfalt, die sie stark bedroht.

Den Tieren sieht man das Unrecht sehr unmittelbar an, das ihnen im heutigen System unserer Lebensmittelerzeugung geschieht. Die Frage des Fleischkonsums und des Verzehrs tierischer Produkte soll daher im Mittelpunkt des vorliegenden Buchs stehen. Wie emotional sie mitunter debattiert wird, wird man da und dort in meinen Ausführungen erahnen. Viele LeserInnen werden das aber schon am eigenen Leib verspürt haben. Denn die einen, die auf den Konsum tierischer Produkte oder wenigstens auf Fleisch verzichten, bringen eine Menge persönliches Engagement ein. Sie verändern ihren Lebensstil in grundlegender Weise. Genau davor schrecken die anderen zurück und fühlen sich in ihren bisherigen Gewohnheiten bedroht.

Zwischen VeganerInnen auf der einen Seite und Fleischbergen auf der anderen steht also der nachdenkliche, noch nicht entschlossene Mensch und fragt sich, welche Seite Recht hat. Wohin führt der ethisch verantwortbare Weg unseres Umgangs mit den Tieren? Sollen wir weitermachen wie bisher? Müssen wir auf die Nutzung der Tiere in Zukunft gänzlich verzichten? Oder gibt es einen Weg der Mitte, der einschneidende Reformen in der Tierhaltung fordert, aber die vegane Ernährungsrevolution nicht für alle durchsetzen will?

2. Fleischverzehr als Identitätsfrage

Eine umfassende Ethik der Ernährung ist ein vielschichtiges und komplexes Ganzes. Das Christentum hat sich daher in seiner Lehre wie vermutlich alle großen Religionen auf einige Aspekte der Ernährungsethik konzentriert und diese durch die 2000 Jahre seiner Geschichte immer hochgehalten. Dazu gehören die Fragen maßvollen Essens und Trinkens, der wechselnden Zeiten von Fasten und Festen, der Gastfreundschaft gegenüber Fremden und Armen, der Solidarität mit den Hungernden. Von Anfang an verdrängt wurden hingegen Fragen des leiblichen Wohlergehens, der Lust und des Genusses von Essen und Trinken. Und schrittweise zurückgedrängt, wenn auch nie ganz vergessen, wurden Fragen des Fleischkonsums, die in der Anfangszeit des Christentums, wie wir noch sehen werden, eine prominente Rolle spielten, nach und nach aber an Bedeutung verloren.

Wie verhält sich das Christentum zum Fleischkonsum? Ist eine vegetarische oder gar vegane Ernährung christliche Pflicht? Ist sie umgekehrt vielleicht verwerflich, weil sie als alternative Heilslehre missverstanden werden kann? Gibt es womöglich, auch das wäre denkbar, eine völlige ethische Neutralität des christlichen Glaubens gegenüber Fleischverzehr und Fleischverzicht? Das ist die leitende *Fragestellung* dieses Buches. Auffallend ist dabei, dass das Christentum im kultischen Bereich nur vegane Lebensmittel verwendet: Brot, Wein und Pflanzenöl. Tierische Produkte haben (außer für die Armenspeisung) keinen Zugang zum Altar. Wir werden noch sehen, dass das eine Weichenstellung mit weitreichenden Folgen ist. Sie vollzieht sich im deutlichen Unterschied zum Judentum, das zur

Zeit Jesu im Jerusalemer Tempel zahllose Tiere opfert und auch nach dessen Zerstörung im Jahr 70 n. Chr. zumindest im Ritual des Paschamahls bis heute Lammfleisch und ein Ei verwendet.

Vegetarismus und Veganismus haben mittlerweile eine größere Bandbreite an Selbstverständnissen entwickelt. Bis vor wenigen Jahren praktizierten VegetarierInnen und VeganerInnen ihre Ernährungsweise praktisch immer im Kontext einer Weltanschauung. Sie drückten damit tiefgreifende Wertorientierungen aus. Im Zeitalter der Selbstdarstellung hat sich das gelockert. Heute sind Vegetarismus und Veganismus für manche Menschen Lifestyle statt Weltanschauung, Konvenienz statt Ethik, Selbstdarstellung statt Altruismus, Option statt Mission. Aber selbst dann geht es bei der Wahl einer fleischfreien oder gar tierproduktfreien Ernährung um mehr als nur die physische Materie tierischer Lebensmittel.

Ernährung ist symbolische Kommunikation und Interaktion. Über Essen und Trinken vermitteln wir einander verborgene Botschaften über unsere Werte und unseren Lebensstil. Im Essen und Trinken drücken wir uns selber aus: „Der Mensch ist, was er isst."[1] Nur wenige Zitate werden so häufig verwendet und sind trotz ihrer Abnutzung so wahr. Die gesamte Identität des Menschen lässt sich an seinem Essen und Trinken erkennen. Denn im Essen und Trinken interagiert der Mensch – ganz gleich ob er allein oder in Gesellschaft ist – mit all jenen, zu denen er unmittelbar oder mittelbar Sozialbeziehungen besitzt – und das heißt mit allen Menschen. Die Ernährung ist Schlüsselmedium sozialer Beziehungen, Symbol für Identität und Differenz aller sich ernährenden Individuen.[2]

Von daher ist es nur logisch, dass sich FleischesserInnen von VegetarierInnen und VeganerInnen und umgekehrt diese von FleischesserInnen in Frage gestellt, ja sogar angegriffen fühlen – allein dadurch, dass sie miteinander an einem Tisch essen. Fast zwangsläufig wird sich das Tischgespräch der im Raum stehenden Streitfrage zuwenden. Beide Gruppen fühlen sich genötigt, sich voreinander zu rechtfertigen. In diesem Zusammenhang stehen die vielen Witze über VegetarierInnen, von denen ich einige weniger aggressive zitieren möchte:

- Aus dem Leben eines Vegetariers: „Kinder, kommt zu Tisch, das Essen wird welk!"
- Wie nennt man einen dicken Vegetarier in Jugendsprache? – Biotonne.
- Auch die größten Vegetarier beißen nicht gerne ins Gras!
- Was ist der Unterschied zwischen einem Fleischesser und einem Vegetarier? Der Vegetarier stirbt gesünder!
- Das Wort „Vegetarier" kommt aus der Indianersprache und heißt „zu blöd zum Jagen".

Nicht wenige Spottverse greifen die enge Beziehung zwischen Ernährung und Sexualität auf. Einige der harmloseren seien ebenfalls erwähnt:

- Vegetarier sind die, die Karotten lebendig und nackt ins Wasser werfen.
- Dürfen Vegetarier Schmetterlinge im Bauch haben?
- Platonische Liebe ist vegetarischer Sex!

Witze sagen mehr über die aus, die sie erzählen, als über die, von denen sie erzählen. Es sagt viel, dass Witze rund um das Thema Fleischverzehr alle nur in eine Richtung gehen. Wer Witze macht, fühlt sich angegriffen oder wenigstens in Frage gestellt. Wer die Eigenheiten des anderen akzeptiert, braucht über sie keine Witze machen.

Lebensmittel sind zu Lifestyle-Produkten geworden. Die *methodisch leitende Perspektive* dieses Buches wird daher die sein, was Fleischkonsum auf der einen und Fleischverzicht auf der anderen Seite über jene sagen, die dies als ihre Ernährungsoption wählen. Welche Identität geben sich Menschen, wenn sie eine Entscheidung für oder gegen tierische Produkte treffen? Denn letztlich geht es in Ethik und Religion immer um die Frage, wer man oder frau sein will.

3. Ernährung in der globalisierten Industriegesellschaft

Eine Auseinandersetzung wie die zwischen FleischesserInnen und VegetarierInnen und VeganerInnen vollzieht sich nicht im luftleeren Raum. Viele der Argumente pro und contra sind ohne den aktuellen gesellschaftlichen Zusammenhang gar nicht nachvollziehbar. Ernährung, einer der grundlegendsten natürlichen Vorgänge aller Lebewesen, vollzieht sich im Kontext der industrialisierten und globalisierten Moderne. Sechs typische Entwicklungen kennzeichnen die Ernährung diese Epoche:[3]
- Die Agrarrevolution hin zu immer zielgenauerer Züchtung, Maschinisierung und Chemisierung.
- Das Entstehen von wenigen global agierenden Lebensmittelunternehmen.
- Der Aufbau einer weltumspannenden Transportkette und Verkehrsinfrastruktur.

- Die Vervielfältigung der Konservierungsmethoden, die den Transport über weite Strecken ermöglichen.
- Die Kommerzialisierung: Praktisch alle Lebensmittel werden heute gekauft. Dies ist nur möglich durch die Privatisierung allen Landes, auch der früheren „Allmende", also der allen Menschen einer Gemeinschaft miteinander gehörenden Flächen.
- Die räumliche Trennung von Arbeiten und Wohnen, die die räumliche Trennung von Essen und Wohnen zur Folge hat. Mahlzeiten werden zunehmend außer Haus und unter Zeitdruck gegessen.

Diese sechs Charakteristika umreißen gesellschaftliche Umbrüche, die kaum dramatischer gedacht werden können. Zwischen der Landwirtschaft vor 1800 und der nach 2000 bestehen fast keine Übereinstimmungen. Die technische und ökonomische Revolution hat alles von Grund auf verändert. Das gilt auch, ja ganz besonders für die Tierhaltung, die Verarbeitung und den Konsum tierischer Lebensmittel.

Im Folgenden gehe ich in vier Schritten vor:

Noch zu Teil I (Einleitung) gehört die Darlegung der wichtigsten Begrifflichkeiten und der verschiedenen Dimensionen veganen Lebens.

In Teil II (Sehen) untersuche ich den Trend zu vegetarischer und veganer Ernährung, der in den letzten Jahren zu beobachten ist, und frage nach seinen Hintergründen und Ursachen.

Teil III (Urteilen) ist einer vielschichtigen theologisch-ethischen Diskussion über Vegetarismus, Veganismus und Fleischverzehr gewidmet.

Teil IV (Handeln) schließlich richtet sein Augenmerk auf die praktischen Konsequenzen, die sich aus der ethischen Analyse ergeben, und endet mit einer hoffnungsvollen Vision.

4. Vegan meint mehr als nur Ernährung

Der Begriff Vegetarismus ist – anders als die durch ihn bezeichnete Lebensform, die seit der Entstehung der Hochkulturen stets von kleineren oder größeren Gruppen gelebt wurde – erst im England der späten 1830er Jahre im Zusammenhang mit der Gründung vegetarischer Gesellschaften (vegetarian societies) erfunden worden.[4] Um 1880 gelangt der Begriff nach Deutschland, wo er anfangs mit „Vegetarianer" und später dann mit „Vegetarier" übersetzt wird. Unter dem Sammelbegriff „Vegetarismus" gilt es, verschiedene Formen des Verzichts auf Nahrungsmittel zu unterscheiden:[5]

— Der *Pescetarismus* meint den Verzicht auf Fleisch, wobei Fisch, Eier und Milchprodukte gegessen werden. Streng genommen ist dies keine Form des Vegetarismus, sondern höchstens eine Vorform. Dennoch werden PescetarierInnen oft als VegetarierInnen betrachtet, sogar in Meinungsumfragen und Statistiken.
— Der *Ovo-Lacto-Vegetarismus* bezeichnet den Verzicht auf Fleisch bei gleichzeitigem Konsum von Milch, Milchprodukten und Eiern. Diese Form des Vegetarismus lehnt also ausschließlich das direkte Töten geborener oder geschlüpfter Tiere zum Fleischverzehr ab.
— Der *Lacto-Vegetarismus* geht einen Schritt weiter und verzichtet neben Fleisch auch auf Eier. Denn in Eiern könnte ja theoretisch der Keim eines Lebewesens liegen.

- Der *Veganismus* plädiert mit der Tierrechtsbewegung für die Auflösung der gesamten Tierwirtschaft, die er als reine Ausbeutung der Tiere betrachtet, und verzichtet daher neben Fleisch und Eiern auch auf Milch und Milchprodukte. Darüber hinaus tragen VeganerInnen keine Kleidung, die tierische Materialien enthält, und verzichten auf Kosmetika, die mittels Tierversuchen getestet wurden.
- Der *Bio-Veganismus* ist eine Variante des Veganismus und legt mehr als dieser Wert auf eine ökologische Erzeugung der pflanzlichen Produkte. Gegessen werden nur Pflanzen aus ökologischem Landbau. Allerdings steckt der vegane Ökolandbau noch in den Kinderschuhen, denn der klassische Ökolandbau verwendet tierischen Dünger. Die Frage darf als offen gelten, ob beide Kriterien – vegan und ökologisch – im strengen Sinne gemeinsam verwirklicht werden können.
- Der *Fructarismus* oder *Fruganismus* als radikalste denkbare Form will über die Tiernutzung hinaus auch auf das Töten ganzer Pflanzen verzichten und konsumiert daher nur Früchte, die die Pflanzen ohnehin mit dem Ziel hervorbringen, dass sie von Tieren oder Menschen gegessen werden, um mit ihren Exkrementen den Samen zu verbreiten.
- *FlexitarierInnen* hingegen sind Menschen, die zeitweise vegetarisch oder vegan leben, dann aber wieder Fleisch verzehren. Allerdings konsumieren sie relativ bewusst und gezielt Fleisch aus ökologischer und artgerechter Tierhaltung. Sie sind gleichsam „Teilzeit-VegetarierInnen" oder „Teilzeit-VeganerInnen". Mir scheint, dass FlexitarierInnen in vielen Statistiken als VegetarierInnen oder VeganerInnen gezählt werden. Selten wird hier präzise unterschieden.

Im Folgenden werde ich mit dem unspezifischen Begriff „Vegetarismus" den Ovo-Lacto-Vegetarismus bezeichnen. Sofern eine der anderen Formen des Vegetarismus gemeint ist, verwende ich die spezifischere, präzise Begrifflichkeit für diese Form.

Das Wort „vegan" geht auf den Engländer Donald Watson (1910–2005) zurück, der 1944 die Vegan Society als eine Abspaltung der englischen Vegetarian Society gründete. Der Begriff verbindet die ersten drei und die letzten zwei Buchstaben des Wortes „vegetarian". Während der Vegetarismus mindestens zweieinhalb Jahrtausende alt ist und eine lange Geschichte hat, handelt es sich beim Veganismus also (abgesehen von der Religion der Jainas, an die man aber kaum anknüpft) um eine sehr junge Bewegung. Ein konsequent veganes Leben ist in einer vorindustriellen Gesellschaft nur sehr schwer möglich gewesen.

Veganismus umfasst – im Unterschied zum Vegetarismus – weit mehr als die Ernährung. Da jegliche Tiernutzung abgelehnt wird, betrifft das auch Kleidung, Kosmetik und sogar Medikamente.

4.1 Vegane Lebensmittel

Das Erkennen rein veganer Lebensmittel ist aufgrund der vielfältigen Verwendung von Stoffen tierischer Herkunft keine einfache Angelegenheit. So wird Gelatine mitunter zum Filtern von Weinen und Fruchtsäften eingesetzt. Bäckereien verwenden tierische Fette. Im Lebensmittelhandel werden vegane Produkte daher, besonders wenn es sich um verarbeitete Produkte handelt, zunehmend öfter gekennzeichnet. Hierzu gibt es das europaweit einheitliche Label der European Vegetarian Union, das eine grüne Pflanze in V-Form darstellt. Im umlaufenden Schriftzug enthält es jeweils die exakte Zuordnung zu einer der vier Kategorien vegan, ovo-, lacto- oder ovo-lacto-vegetarisch. Allerdings darf das Label völlig unabhängig von der ökologischen oder sozialen Qualität der Herstellung eines Produkts verwendet werden. Die gekennzeichneten Produkte stammen meistens aus der konventionellen Landwirtschaft und sind mitunter sogar aus gentechnisch veränderten Pflanzen hergestellt. Letzteres erfährt man ausschließlich im Kleingedruckten, denn in der Europäischen Union besteht eine Kennzeichnungspflicht für alle Lebensmittel mit gentechnisch veränderten Bestandteilen.

Während vegetarische Produkte auch im Segment ökologisch erzeugter Lebensmittel vorhanden sind, gilt dies für vegane Produkte bisher kaum. Denn ökologische Landwirtschaft basiert üblicherweise auf dem Kreislaufprinzip und setzt daher tierischen Mist und Gülle sowie andere „Abfallprodukte" aus der Tierhaltung ein. Ökolandbau und Veganismus schließen sich nach klassischer Lehre also gegenseitig aus. Dennoch gibt es mittlerweile vereinzelt „bio-vegan" wirtschaftende Betriebe, die Mitglied eines anerkannten Verbands der Ökolandwirtschaft sind. In Großbritannien und den USA existiert darüber hinaus bereits die Möglichkeit, den landwirtschaftlichen Betrieb nach den „Stockfree Organic Standards", also den nutztierfreien ökologischen Standards, zertifizieren zu lassen. KonsumentInnen können auf dieser Grundlage bio-vegan angebaute Produkte am entsprechenden Label klar von anderen Produkten unterscheiden. In Deutschland gibt es derzeit noch keine vergleichbare Zertifizierung.

4.2 Vegane Kleidung und Textilien

Auch Kleidung und andere Textilien enthalten normalerweise einen großen Teil tierischer Stoffe. Ob Leder oder Wolle, Federn oder Knöpfe – einen guten Teil liefern Tiere. Eine konsequent vegane Lebensweise bedeutet, darauf zu verzichten. Lederschuhe und andere Lederwaren werden durch Produkte aus Kunstleder oder Kunstfasern ersetzt. Auch für Wolle, Daunen, Seide und Pelz gibt es Alternativen aus Kunstfasern oder rein pflanzlichen Materialien wie Baumwolle und Baumwollseide. Jedoch muss man selbst dann noch auf viele Details achten, denn beispielsweise Klebstoffe enthalten oft tierische Bestandteile, und Knöpfe werden meist aus dem Horn von Tieren hergestellt.

VeganerInnen zahlen also einen erheblichen Preis: Die Auswahl beim Einkauf von Kleidung und Textilien reduziert sich drastisch, und das Einholen umfassender Informationen ist vielfach unmöglich. Vor allem aber haben Produkte aus Kunststoffen meistens nicht dieselbe Atmungsaktivität und Qualität wie Produkte aus natürlichen, von Tieren stammenden Stoffen. Noch dazu haben Kunststoffe eine viel schlechtere Ökobilanz. Das gilt mit Blick auf die Gewinnung ihrer (fast immer fossilen) Rohstoffe, deren energieintensive Verarbeitung und schließlich ihre umweltbelastende Entsorgung nach dem Gebrauch. Selbst Baumwolle ist keineswegs „unschuldig". Zumeist stammt sie aus riesigen Monokulturen mit künstlicher Bewässerung. Um sie vor Schädlingen zu schützen, ist sie entweder gespritzt oder gentechnisch verändert. Einzig Bio-Baumwolle schneidet hier besser ab.

4.3 Vegane Kosmetik und Medizin

Ein wichtiges und zugleich leichter zugängliches Segment veganen Konsums sind kosmetische Produkte. Da die Europäische Union seit 2013 keinen Handel mit Kosmetikartikeln mehr zulässt, die selbst oder in einigen ihrer Bestandteile an Tieren getestet wurden, ist die Kosmetikbranche mindestens in Europa tierversuchsfrei. Vegan sind europäische Kosmetika damit in dem Moment, wo sie keinerlei tierische Bestandteile enthalten. Davon gibt es eine Menge, wie man den einschlägigen Listen veganer Organisationen entnehmen kann.

Relativ leicht können VeganerInnen auch auf Besuche von Zoo und Zirkus verzichten, also auf Einrichtungen, die Tiere im Gehege halten oder mit ihnen arbeiten. Der Veganismus sieht solche Einrichtungen, ganz gleich wie artgemäß und achtsam sie mit den Tieren umgehen, als Ausbeutung der Tiere und lehnt sie ab.

An die Substanz geht es, wenn sehr strenge VeganerInnen auch auf Medikamente verzichten, die in Tierversuchen getestet wurden. So weit dürfte vermutlich nur eine verschwindende Minderheit gehen. Doch wird an diesem Beispiel deutlich, wie schwierig, ja nahezu unmöglich es ist, sich einem System von Wirtschaft und Technik völlig zu entziehen, das weitgehend gedankenlos auf die Nutzung von Tieren aufbaut. VeganerInnen sind Teil einer Gesellschaft, die so ist, wie sie ist. Sie leben nicht in einer Eigenwelt und werden damit früher oder später zu Kompromissen gezwungen. Das ist kein Argument gegen ihre Lebensweise. Minderheiten jeder Art und in allen Jahrhunderten kamen und kommen immer an die Grenzen der Möglichkeit, ihre Ideale absolut rein und unverkürzt zu leben. Ihre Standfestigkeit und Beharrlichkeit sind daher umso mehr zu schätzen. Denn egal ob ihr ethisches Urteil richtig oder falsch ist: Es war und ist einer der obersten Grundsätze der kirchlichen Moralverkündigung, dass Menschen ihrem Gewissen folgen müssen. Das taten und tun Minderheiten weit entschiedener und klarer als die Mehrheitsgesellschaft, in der viele sich bequem anpassen, nur um nicht anzuecken. Um es klar zu sagen: Ein Handeln nur um der Anpassung willen kann nie ein moralisch gutes Handeln sein. Denn zu diesem gehört immer eine bewusste, von der Meinung anderer unabhängige und reflektierte Entscheidung.

4.4 Veganer Lebensstil

Der kurze, mitunter unvollständig bleibende Überblick über die vegane Lebensweise zeigt, dass es um weit mehr als nur um die Ernährung geht. Denn der Umgang der Industriegesellschaft mit den Tieren wird grundsätzlich in Frage gestellt. VeganerInnen wollen sich in keiner Weise daran beteiligen – und das betrifft die allermeisten Bereiche ihres täglichen Lebens. Vegan zu leben stellt hohe Ansprüche.

TEIL II:
Veganismus ist trendy (Sehen)

1. Wird Deutschland vegan(er)?

„Deutschland wird vegan!" So kann man es im Internet seit einiger Zeit wortwörtlich auf zahlreichen Seiten lesen. Die meisten von ihnen berufen sich auf Schätzungen des Vegetarierbunds (VEBU), der im Jahr 2015 von nahezu 10% vegetarisch oder vegan lebenden Deutschen ausgeht. Wohlgemerkt: Das sind erklärtermaßen Schätzungen, denn die empirische Datenlage ist alles andere als eindeutig. Wie so oft hat sich noch keine für alle Umfragen identische Formulierung etabliert, mit der man nach der Ernährungsweise in puncto Fleisch und tierischen Produkten fragt. Manche Forschungsinstitute fragen, ob sich die Menschen als VegetarierIn bezeichnen würden, ohne ausdrücklich zu thematisieren, was darunter zu verstehen ist. Oft bejahen dies Menschen, die Fisch essen und damit PescetarierInnen sind, oder Personen, die nur selten Fleisch essen und zu den FlexitarierInnen gehören. Im Folgenden werde ich daher v. a. jene Studien heranziehen, die weitgehend verlässlich die Zahlen der wirklichen VegetarierInnen und VeganerInnen abbilden.

Für die Jahre 2005 bis 2007 hat die Nationale Verzehrsstudie 2008 folgende Daten erhoben:[6] 2,2% der Frauen und 1% der Männer ernähren sich konsequent vegetarisch. 0,1% der Frauen, jedoch 0% der Männer leben konsequent vegan. Bis zum Jahr 2013 hat sich die Zahl der vegan oder vegetarisch lebenden Frauen laut Allensbach-Institut auf 4 % nahezu verdoppelt, während die der Männer unverändert bei 1 % verharrt. Ein Jahr später stellt Statista allerdings deutlich höhere Quoten fest, wenn auch nicht nach Geschlecht unterschieden: Danach gibt es 2014 in Deutschland etwa 6,6 % Flexi-VegetarierInnen, 4,3 % konsequente VegetarierInnen, 0,3 % Flexi-VeganerInnen und 0,7 % konsequente VeganerInnen. Von den Schätzungen des VEBU sind wir damit noch weit entfernt.

Im internationalen Vergleich wird deutlich, dass die genannten Zahlen ungefähr richtig sein dürften, dass jedoch die Schwankungsbreite hoch ist: Wer sich im einen Jahr als vegan oder vegetarisch lebend bezeichnet, kann sich im nächsten Jahr bereits anders entschieden haben – nicht immer zum noch strengeren Verzicht, sondern mitunter zum neuerlichen Fleischverzehr hin. Viele Menschen, die im Moment der Meinungsumfrage echte VegetarierInnen oder VeganerInnen sind, wären in Langzeituntersuchungen als „Langfrist-FlexitarierInnen" zu bezeichnen. Eine echte Lebensentscheidung scheinen Vegetarismus und Veganismus bislang nur für eine Minderheit zu sein. Laut Statistik Austria ernähren sich in Österreich 2011 etwa 1,4 % der Männer und 3,9 % der Frauen vegetarisch oder vegan. Für Italien ermittelt der „Rapporto Italia" von Eurispes im Jahr 2013 etwa 4,9 % vegetarisch und 1,1 % vegan lebende Menschen. Im Folgejahr 2014 sind es 6,5 % bzw. 0,6 %.

Was lässt sich aus den präsentierten Daten in einem ersten Überblick herauslesen? Zunächst einmal erkennt man gut, dass die Zahl der Deutschen, die sich ohne Fleisch und Fisch ernähren, in den letzten Jahren deutlich und konstant zunimmt. Allerdings geht der Zuwachs fast ausschließlich auf das Konto der Frauen. Während 2006 etwas mehr als doppelt so viele Frauen wie Männer vegetarisch oder vegan lebten, sind es 2013 viermal so viele.

Im Vergleich zu Deutschland fallen die Zahlen für die Männer in Österreich 2011 etwas günstiger aus, weisen aber in die gleiche Richtung. Das Verhältnis vegetarisch oder vegan lebender Männer zu Frauen beträgt hier ungefähr 1:3.

Vergleicht man Österreich und Deutschland mit Italien, liegt der deutschsprachige Raum hinter dem Mittelmeerland deutlich zurück. Das betrifft allerdings, wie ein genauerer Vergleich zeigt, nur die Zahl der VegetarierInnen, während die Zahl der vegan lebenden Menschen nördlich und südlich der Alpen etwa gleich hoch ist. Insgesamt steigt die Zahl der vegetarisch oder vegan lebenden Menschen beidseits der Alpen an, wenn auch auf unterschiedlichem Niveau.

1.1 Der Fleischverzehr sinkt nicht

Um die Zahlen der vegetarisch oder vegan lebenden Menschen richtig einordnen zu können, müssen wir sie mit den Mengen des durchschnittlichen Fleischverzehrs in Deutschland korrelieren. Jüngere Statistiken unterscheiden begrifflich zwei Maße: Unter *Fleischverbrauch* versteht man (brutto) das Gewicht der gesamten verbrauchten Tiere. Hier sind Knochen, Knorpel und Fette mit eingerechnet, auch wenn diese von den KonsumentInnen nicht verzehrt werden. Unter *Fleischverzehr* hingegen versteht man (netto) den Fleischverbrauch abzüglich jener Teile, die nicht verzehrt werden. Die

Differenz ist erheblich und beträgt zwischen 25% und 33% des Fleischverbrauchs. So betrug der Fleischverbrauch in Deutschland 2011 statistisch 89,2 Kilogramm pro Kopf. Die tatsächlich verzehrte Fleischmenge lag laut Deutschem Fleischerverband bei 61 Kilogramm pro Kopf. Knapp ein Drittel des verbrauchten Fleisches waren also Abfälle, die nicht in Deutschland verzehrt wurden. Ein Teil von ihnen wird allerdings in arme Länder exportiert und dort verzehrt.

Betrachtet man die Entwicklung des Pro-Kopf-Fleischverbrauchs in Deutschland von 1960 bis 2010, kann man Folgendes erkennen: Von knapp 53 Kilogramm im Jahr 1960 stieg der Verbrauch nahezu geradlinig auf fast 95 Kilogramm im Jahr 1990, sank dann bis zum Jahr 2000 leicht ab und hält sich seither fast konstant auf hohem Niveau bei knapp 90 Kilogramm. Die Entwicklung verläuft parallel zu jener des Wohlstands. Fleisch ist eines der signifikantesten Wohlstandssymbole.

Diese Beobachtung lässt sich relativ gut verallgemeinern: Sobald das durchschnittliche Einkommen eines Landes wächst, steigt auch der Fleischkonsum, der sich zugleich von Geflügel und Lamm zu Schwein und Rind verschiebt. Allerdings gibt es ein unsichtbares Maximum des Konsums bei rund 100 Kilogramm pro Kopf und Jahr – ab diesem Wert steigt der Fleischverbrauch trotz Einkommenserhöhungen nicht mehr an.[7] Die Food and Agriculture Organization FAO hat das 2009 in das Schaubild auf Seite 31 gegossen:

In Verbindung mit den vorher präsentierten Zahlen des langsam steigenden Anteils an vegetarisch oder vegan lebenden Menschen in Deutschland heißt das jedoch, dass sich eine Schere auftut: Manche Gruppen der Gesellschaft essen immer weniger Fleisch, teilweise bis sie bei der

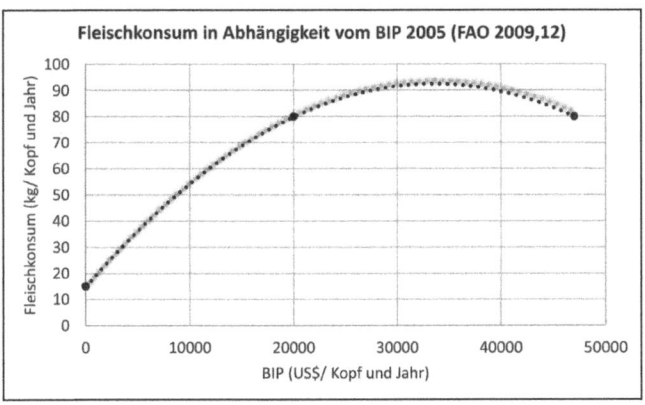

Option des dauerhaften Fleischverzichts angelangt sind. Andere Gruppen der Gesellschaft steigern aber offenkundig ihren Fleischkonsum, denn nur so lässt sich erklären, dass die durchschnittlich konsumierte Fleischmenge in Deutschland konstant bleibt.

Ehe wir unseren Blick auf die Sozialisation der VegetarierInnen und VeganerInnen richten, sollen die erkennbaren Merkmale für die Sozialisation der Fleisch essenden Menschen genannt werden:
- Fleischverzehr ist zuallererst einmal *männlich*: Auch in den Industriegesellschaften, in denen die meisten Männer ebenso wie die meisten Frauen an einem Schreibtisch arbeiten und nur noch ein geringer Teil von ihnen wirklich körperliche Schwerstarbeit zu leisten hat, essen Männer in der Regel doppelt so viel Fleisch wie Frauen.[8]
- Fleischkonsum ist *bei den Männern in den unteren sozialen Schichten beheimatet*: Männer in der Unterschicht essen ziemlich genau ein Drittel mehr Fleisch als Männer in der Oberschicht. Bei den Frauen hingegen ist der schichtspezifische Unterschied gering.[9]

– Fleischkonsum ist in Deutschland *südöstlich*: Zwischen den nordwestlichen und den südöstlichen Bundesländern besteht ein Gefälle von etwa einem Viertel. Am wenigsten Fleisch essen die Menschen in Schleswig-Holstein, am meisten die Thüringer und Sachsen.[10]
– Fleischkonsum in Deutschland ist „*konventionell*": Menschen, die vorzugsweise Fleisch aus ökologischer Landwirtschaft kaufen, essen rund ein Fünftel weniger als solche, die das nicht tun.[11]

An der Kombination der vier Merkmale wird deutlich, dass sich ein höherer Fleischkonsum nur in der Minderheit der Fälle mit der stärkeren körperlichen Beanspruchung im Beruf erklären lässt. Viel stärker dürften überkommene Wertorientierungen eine Rolle spielen: Fleisch ist ein Wohlstandssymbol, und wer wenig Wohlstand hat, muss sich und anderen stärker beweisen, dass es ihm dennoch gut geht und dass er sich etwas leisten kann. Und Fleisch ist allem voran ein Männlichkeitssymbol: Insbesondere Männer, deren Rollenverständnis noch sehr traditionell geprägt ist, neigen dazu, mehr Fleisch zu essen. Männer aus geringeren Einkommensverhältnissen müssen sich also doppelt beweisen: dass sie echte Männer sind und dass sie es zu etwas gebracht haben. Die Reduktion des Fleischverbrauchs wird also wesentlich davon abhängen, ob neue Bilder von Männlichkeit und Wohlstand etabliert werden können.

1.2 Wer sind die VegetarierInnen?

Die eben dargestellten Beobachtungen erhärten sich, wenn ein genauerer Blick auf die vegetarisch oder vegan lebenden Menschen in Deutschland geworfen wird. Auch für sie geht es beim Fleischverzicht nicht nur um einen Ernährungsstil, sondern um einen umfassenden Lebensstil. Überzeugungen, Haltungen und alltägliche Praxis verbinden sich zu einer Lebensgestalt. Zugleich ist ihr Lebensstil ein Merkmal sozialer Unterscheidung. VegetarierInnen aus den Industrieländern des 21. Jahrhunderts kommen meist aus der Mittelschicht. Sie grenzen sich vom Ernährungsstil der Armen und der Reichen gleichermaßen ab und setzen beiden (!) die Maßhaltung entgegen.[12]

Die Vegetarierstudie der Friedrich-Schiller-Universität Jena hat 2007 versucht, durch einen online auszufüllenden Fragebogen wesentliche Erkenntnisse über die typischen VegetarierInnen in Deutschland zu gewinnen. Die 2500 ausgewerteten Antworten ergeben folgendes Bild: Der typische Vegetarier ist weiblich (70%), jung (77% sind weniger als 40 Jahre alt), überdurchschnittlich gebildet (75% haben mindestens Abitur) und lebt in einer Großstadt (47,2% wohnen in Städten über 100 000 EinwohnerInnen).

Die Bedeutung von Intelligenz und Bildung für die Wahl eines vegetarischen Lebensstils wurde 2007 in einer groß angelegten britischen Studie aufgezeigt:[13] 30 Jahre lang wurde die Entwicklung von 17 200 Personen des Geburtsjahrgangs 1970 verfolgt. Im Alter von 10 Jahren wurde der Intelligenzquotient bestimmt. Im Alter von 30 Jahren wurden die Frauen und Männer nach ihren Ernährungsgewohnheiten befragt. Das Ergebnis: Dreißigjährige VegetarierInnen hatten als Zehnjährige einen Intelligenzquotienten von durchschnittlich 106 Punkten, während gleichaltrige FleischesserInnen im Schnitt nur 99 Punkte erreichten.

Sabine Weick untermauert diese Beobachtung durch qualitative Interviews mit jungen Männern, die sich für ein veganes Leben entschieden haben:[14] Für 57% der Interviewpartner spielen ihre sozioökonomischen Rahmenbedingungen eine große Rolle, ebenso wie ihr familiäres Umfeld, das bereits vor ihrer Entscheidung für vegane Ernährung eine reflektierte und eigenständige Ernährung fördert und die Autonomie respektiert. Am stärksten, nämlich mit 78%, wirkt sich die Lebenslage der jungen Männer aus: Sie haben ein modernes, egalitäres und gewaltfreies Männerbild, das gepaart ist mit jugendlichem Idealismus, dem Offensein für Innovation und dem starken Streben nach Unabhängigkeit. Man kann leicht erkennen, dass für diese Faktoren die Bildung der Eltern und der jungen Männer eine Schlüsselrolle spielt.

Lässt sich auch etwas über den Faktor Religion sagen? Gefragt nach ihrer Religionszugehörigkeit gaben die in der Vegetarierstudie der Friedrich-Schiller-Universität Jena 2007 befragten VegetarierInnen an: 51,93% bekenntnislos, 23,44% evangelisch, 17,28% katholisch, 2,30% buddhistisch, 5,15% andere Konfessionen und Religionen. Das ist bemerkenswert. Denn wenn man davon ausgeht, dass in Deutschland 2007 ungefähr 35% Bekenntnislose, 30% evangelische und 30% katholische ChristInnen sowie 5% Angehörige anderer Konfessionen und Religionen leben (so der Zensus 2011), sind unter den Angehörigen von Religionsgemeinschaften deutlich weniger VegetarierInnen vertreten als unter den Bekenntnislosen, und zwar unter den evangelischen ChristInnen nur etwa halb so viele und unter katholischen ChristInnen nur gut ein Drittel wie unter der gleichen Zahl von Bekenntnislosen.

VegetarierInnen in Deutschland sind in weit überdurchschnittlichem Maße keiner Religion zugehörig. Dieses Faktum kann man in zwei Richtungen interpretieren: Entweder sind die bekenntnislosen VegetarierInnen aus ihrer Religionsgemeinschaft ausgetreten, weil diese den Vegetarismus zu wenig schätzt, fördert, propagiert oder den Tierschutz zu wenig thematisiert. Dann wäre die Entscheidung für ein vegetarisches Leben der Grund für den Abschied von der Religion. Oder die bekenntnislosen VegetarierInnen waren zuerst bekenntnislos und haben sich danach für ein vegetarisches Leben entschieden. Dann ist es zumindest denkbar, dass sie mit der vegetarischen Lebensoption eine Leerstelle ihres Lebens füllen wollen, indem sie sich selbstlos für etwas Sinnvolles einsetzen, den Tierschutz. Ihr Vegetarismus hätte dann soziologisch betrachtet die Funktion einer Religion, wobei ich den abwertenden Begriff der „Ersatzreligion" bewusst vermeide. In jedem Fall müssen beide Seiten, religionslose VegetarierInnen und Religionsgemeinschaften, ein Interesse daran haben, die offenkundig zwischen ihnen bestehende Distanz zu überwinden: die VegetarierInnen, um den Tierschutz voranzubringen, die Religionen, um unnötige Konfrontationen und Spaltungen zu vermeiden.

1.3 Die Jugendszene der VeganerInnen

Eigene Daten zu vegan lebenden Personen enthält die Jenaer Studie nicht. Zum Zeitpunkt ihrer Erhebung im Jahr 2007 gab es noch zu wenige Menschen, die ganz auf tierische Produkte verzichteten. Doch präsentiert der Lehrstuhl für Allgemeine Soziologie der Technischen Universität Dortmund auf seiner Homepage über Jugendszenen an vorletzter Stelle der alphabetischen Liste die Jugendszene der VeganerInnen.

Nach den dort präsentierten Informationen ist die Struktur der veganen Szene relativ diffus. Den einen klassischen Typus des Veganers oder der Veganerin gibt es nicht.[15] Es gibt eingetragene Vereine wie die Vegane Gesellschaft in Österreich oder die weltweit agierende PETA (People for the Ethical Treatment of Animals). Letztere wird allerdings innerhalb der Szene äußerst kritisch betrachtet, weil sie mit Prominenten zusammenarbeitet, die nicht vegan leben, weil sie in den USA herrenlosen Haustieren aktive Sterbehilfe leistet und weil sie stark kommerziell ausgerichtet ist. Demgegenüber ist die Szene selber vorwiegend in provokanten Aktionen für Tierrechte aktiv, die kurzfristig in den sozialen Netzwerken vereinbart und geplant werden.

Die Gesamtzahl vegan lebender TierrechtlerInnen in Deutschland schätzen die Dortmunder SoziologInnen auf 300 000 bis 400 000. Von einer reinen Jugendkultur könne nicht gesprochen werden, weil es z. B. auch vegan lebende Familien gebe und ein veganer Lebensstil kein jugendspezifisches Protestverhalten darstelle. Das Geschlechterverhältnis der Szene sei ausgeglichen und das Bildungsniveau vergleichsweise hoch. „Von einer einhellig befolgten ‚Ernährungslehre' kann jedoch nicht die Rede sein. Es gibt Veganer, die sich vorwiegend oder ausschließlich von Rohkost ernähren, andere wiederum bevorzugen regionale Lebensmittel (möglichst) aus biologischem Anbau. Wieder andere bestellen im veganen Versandhandel spezielle vegane Lebensmittel."[16]

Im Mittelpunkt des Szene-Geschehens stehen Tierrechtsphilosophie und -politik sowie KonsumentInnenaufklärung und Demonstrationen gegen Tierausbeutung. Tierrechte „fließen als selbstverständlicher und notwendig erachteter Bestandteil in die Wertediskussion und in Fragen nach dem ‚guten' und ‚ethisch korrekten' Leben mit ein – sie stehen quasi gleichberechtigt neben der Durchsetzung von Menschenrechten und der Beseitigung zahlloser Unterdrückungs- und Diskriminierungsformen (wie Rassismus oder Sexismus)."[17] Aktivitäten richten sich insbesondere gegen große Einzelhandelskonzerne, Fast-Food-Ketten, Massentierhaltungen, Forschungseinrichtungen mit Tierversuchen, Zirkusbetriebe mit Tierhaltung, Jagdveranstaltungen und Pelztierfarmen.

„Vegan zu leben wird nicht bloß als eine mögliche Lebensstiloption betrachtet oder gar auf eine alternative Ernährungsweise gleich einer ‚strengen' vegetarischen Diät reduziert. Dem Verständnis und Bestreben nach geht es um einen möglichst umfassenden und nachhaltigen Lebensstil unter Berücksichtigung der vitalen Belange von Tieren, d.h. es handelt sich um ein von hohen ethischen und moralischen (Wert-)Vorstellungen geleitetes, notwendiges Lebensprinzip" (ebenda). Der Veganismus ist damit zumindest in den letzten Jahren stärker zu einer weltanschaulichen Identitätsfrage geworden als der Vegetarismus,[18] für den die weltanschauliche Dimension umso mehr an Bedeutung verloren hat, je mehr Menschen sich zeitweise oder dauerhaft vegetarisch ernähren. Oft resultiert daraus eine starke Abneigung der VeganerInnen gegenüber VegetarierInnen.[19] Vegetarismus und klassischer Tierschutz werden von der veganen Szene als Konzepte betrachtet, die der Förderung des Tierrechtsgedankens schaden, weil sie auf halber Strecke stehen bleiben. VegetarierInnen können sich oft vorstellen, wieder Fleisch zu essen, wenn sich die Tierhaltung deutlich verbessert hat.[20] VeganerInnen hingegen wollen selbst im medizinischen Notfall nur selten auf ihre Lebensweise verzichten, teilweise sogar unter Inkaufnahme des Verzichts auf an Tieren getesteten Medikamenten.[21] Sie distanzieren sich daher deutlich von VegetarierInnen.

1.4 Der „neue Veganismus"

Die eigentliche vegane Szene muss sich aber noch nach einer anderen Seite abgrenzen, nämlich gegenüber den Mode- bzw. Trend-VeganerInnen. „Insbesondere konkurrierende (Online-)Foren und Communities streiten nicht selten um die Definitions- und Deutungsmacht zu veganen Produkten oder das Vegansein als solches."[22]

Der „neue Veganismus" ist nicht mehr primär von ethischen Dogmen bestimmt, sondern von der Lust an alternativer Ernährung, am Ausprobieren von Neuem und am Genießen der hohen Qualität veganer Ernährung. „Gemüse ist jetzt sexy, Karotten sind geil" (VEBU). Vegan ist Lifestyle statt Mission. Das heißt nicht, dass das Tierwohl für den neuen Veganismus keine Bedeutung mehr hätte. Ganz im Gegenteil. Aber eine neue Lockerheit hält Einzug, die der Provokation des veganen Lebens ihre Schärfe nimmt.

Gleichwohl scheint es, als würden die meisten VeganerInnen ihre Ernährungsoption auf Dauer beibehalten wollen, auch die „neuen VeganerInnen". Die waren 2011 zwar erst im Kommen, als Janice Stanger mehr als 2000 vegan lebende Personen in den USA befragte. Doch die Ergebnisse ihrer Untersuchung sind erdrückend: Fast 95 % aller Befragten gaben an, der Veganismus sei für sie eine Lebensentscheidung. Ob sie diese tatsächlich durchhalten, ist freilich genauso ungewiss wie bei anderen Lebensentscheidungen.

Zu den typischen Merkmalen des neuen Veganismus gehört, wie gesagt, der Genuss. Das lässt sich gut an einer anderen Frage ablesen, die Stanger ihren Interviewpartnern stellte: „Ich genieße vegane Ernährung" und „Ich genieße es, mehr zu kochen" sind zwei der vier meistgenannten Antworten, die so gar nicht zu den VeganerInnen der „Szene" passen. Die würden eher die Antworten „Ich tue etwas für Tiere" und „Ich tue etwas für die Umwelt" bejahen. Nun waren bei dieser Frage Mehrfachnennungen möglich, und es wurde außerdem nicht nach dem Gewicht einer Erfahrung gefragt. Szene-VeganerInnen und neue VeganerInnen werden also oft dieselben Antworten gegeben haben. So fundamental liegen sie nicht auseinander. Und doch macht es einen großen Unterschied, was an erster Stelle steht: der Genuss oder die moralischen Prinzipien.

Möglicherweise scheiden sich die Geister am deutlichsten bei der Aussage „Ich fühle mich als Vorbild". Fast 70 % haben dieser Aussage zugestimmt. Das können genau genommen nur Szene-VeganerInnen sein. Diese müssen der Aussage zustimmen, wenn sie ihre Mission wirklich ernst nehmen.

Für die Theologie interessant ist die Aussage, dass sich fast 42 % der VeganerInnen spiritueller fühlen als vor ihrer Entscheidung für das vegane Leben. Natürlich muss man dabei berücksichtigen, dass die USA insgesamt ein weit höheres Niveau der Religiosität aufweisen als Europa. Aber wenn knapp die Hälfte der Befragten sagen, ihre Spiritualität habe sich durch den Veganismus intensiviert, dann ist das nicht unbedeutend. Offenkundig regt die Auseinandersetzung mit Tier und Umwelt, wie sie sich im Veganismus ausdrückt, zu einer höheren Sensibilität für und Nähe zu spirituellen Fragen an.

1.5 Das Ethos der VegetarierInnen und VeganerInnen

Bereits im Jahr 2000 untersuchten WissenschaftlerInnen der Universität Wellington in Neuseeland die Werte und Überzeugungen von VegetarierInnen im Vergleich zu FleischesserInnen.[23] Dabei entdeckten sie zwei zentrale Unterschiede: Fleisch essende Menschen unterstützen mit höherer Wahrscheinlichkeit ausgeprägt hierarchische Herrschaftsstrukturen und messen Gefühlen signifikant weniger Bedeutung zu als VegetarierInnen. Damit konnten sie die klassische soziologische These empirisch beweisen, Fleisch lasse sich viel leichter hierarchisch verteilen als pflanzliche Speisen. Denn beim Fleisch gibt es viel eindeutiger bessere und schlechtere Stücke. Das alte, noch immer in vielen Familien praktizierte Ritual, dass der Hausherr den Braten anschneidet und verteilt, hat genau damit zu tun. Selbstverständlich teilt er das beste Stück sich selber zu.

Mittlerweile ist das größere Mitgefühl von ethisch motivierten VegetarierInnen und VeganerInnen sogar auf Bildern im funktionalen Magnetresonanztomogramm (fMRI) nachgewiesen.[24] Zunächst wurde mittels Befragung der Empathie-Quotient EQ, also das emotionale Gegenstück zum Intelligenz-Quotienten IQ, gemessen. Überraschenderweise lag dieser bei den VegetarierInnen am höchsten: Sie hatten einen EQ von 49, VeganerInnen von 44, FleischesserInnen dagegen nur von 38. Im zweiten Schritt wurden den StudienteilnehmerInnen während eines Hirnscans Bilder mit leidvollen Szenen von Menschen und Tieren sowie neutrale Landschaftsbilder gezeigt. Dabei zeigte sich, dass während des Ansehens leidvoller Szenen die für Empathie wichtigen Gehirnregionen bei VegetarierInnen und VeganerInnen viel stärker aktiv sind als bei FleischesserInnen. Allerdings sind es bei VegetarierInnen andere Gehirnregionen als bei VeganerInnen.

Eine Folgestudie derselben italienischen Forschergruppe zeigt, dass sich VegetarierInnen und VeganerInnen besser in Tiere einfühlen können.[25] Bei VegetarierInnen sind vermehrt Hirnregionen aktiv, die bei der Nachahmung anderer eine Rolle spielen. Während sie üblicherweise primär zur Nachahmung von ArtgenossInnen benutzt werden, dienen sie VegetarierInnen aber zur Nachahmung über die Artgrenzen hinaus. Bei VeganerInnen waren Teile des sogenannten Spiegelneuronensystems besonders aktiv, die für das Hervorrufen derselben Gefühle wie bei anderen verantwortlich sind.

Es deutet also viel auf eine höhere Empathiefähigkeit und größere Neigung zu gleichrangigen Beziehungen von vegetarisch oder vegan lebenden Menschen hin. In diesem Zusammenhang ist nochmals auf die Befragung von VeganerInnen in den USA 2011 durch Janice Stanger hinzuweisen. Sie zeigt, dass fast zwei Drittel den Umstieg auf vegane Ernährung deswegen vollziehen, weil sie das Leid der Nutztiere verringern wollen. Das bleibt auch später ihre tragende Motivation. Sie wird aber zunehmend ergänzt durch den Wunsch, umweltverträglich und gesund zu leben. Das ethische Bewusstsein, das zunächst stark auf die Tiere fokussiert ist, weitet sich also allmählich auf einen größeren Horizont. Ich halte das für eine sehr bemerkenswerte Beobachtung. Denn Außenstehende werfen den VeganerInnen oft vor, sie hätten einen „Tunnelblick" und würden links und rechts der Tiere buchstäblich nichts von der Wirklichkeit wahrnehmen. Dem ist offensichtlich nur am Anfang einer veganen „Karriere" so. Je länger man vegan lebt, umso mehr weitet sich bei den meisten der Blick.

1.6 Die Attraktivität von Vegetarismus und Veganismus

Bisher haben wir Vegetarismus und Veganismus mehr aus der Innensicht vegetarisch oder vegan lebender Menschen betrachtet. Jetzt gilt es, auch von außen auf sie zu schauen. Dabei spielt insbesondere die folgende Frage eine Rolle: Warum nehmen Vegetarismus und Veganismus in den letzten Jahren so deutlich zu? Was macht sie gerade für junge, gebildete Menschen so attraktiv? In der Regel werden von den WissenschaftlerInnen vier Gründe angeführt:[26]

- *Selbstwirksamkeit:* In der Psychologie wird gegenwärtig viel mit dem Konzept der Selbstwirksamkeit gearbeitet. Der Mensch, so die Beobachtung, hat ein fundamentales Bedürfnis, die Wirksamkeit seines eigenen Handelns zu erleben und zu spüren. Beim Umstieg auf eine andere Ernährung ist dieses Erleben sehr unmittelbar gegeben. Man kann etwas Konkretes für andere tun.
- *Komplexitätsreduktion:* Die Soziologie erachtet Komplexität als eines der zentralen Merkmale moderner Gesellschaften. Diese Komplexität in einer zielführenden Weise zu reduzieren gehört daher zu den Aufgaben aller gesellschaftlichen Funktionssysteme. Mit der vegetarischen oder veganen Ernährung gibt es (scheinbar) eine einfache Lösung für viele große Probleme der Welt:

„Die Welt retten war auf einmal so einfach. Ich musste überhaupt nichts tun, nur etwas lassen: Fleisch essen. Ein kleiner Preis für ein gutes Gefühl."[27]

- *Natursehnsucht*: Die moderne Industriegesellschaft mit ihrer Technisierung und Urbanisierung entfernt sich immer weiter von der Natur. Das gilt auch für ihre Art und Weise, Lebensmittel herzustellen. Vegetarische und vegane Ernährung wenden sich den nichtmenschlichen Tieren zu. Philosophisch gesehen handelt es sich um das Streben nach einer neuen Naturnähe.
- *Erlösungssehnsucht*: Der Esstisch ist einer der zentralen Orte aller Kulturen, an dem die Suche nach einer besseren Lebensweise und die Sehnsucht nach einer anderen Welt aufbrechen. Hier liegt aus theologischer Sicht die religiöse Dimension von Vegetarismus und Veganismus.

Die vier genannten Faktoren gelten für die vegane Kernszene ebenso wie für VegetarierInnen, FlexitarierInnen und Lifestyle-VeganerInnen, wenn auch in unterschiedlicher Intensität. Hinzu kommt ein Faktor, der für junge Menschen eine große Rolle spielt: Es liegt im Trend, sich ohne Fleisch zu ernähren, und es ist hip, vegetarische oder vegane Produkte zu essen. „Fleischliebhaber sind fett und krank, Vegetarier gesund und sexy."[28] Das Nein zum Fleisch steigert Attraktivität und Sex-Appeal.

Die wachsende Attraktivität einer vegetarischen oder veganen Ernährung zeigt sich insbesondere, wenn nach den Reaktionen der nahestehenden Menschen gefragt wird.[29] Mit Abstand am häufigsten reagieren US-AmerikanerInnen mit Neugier, wenn jemand sich als vegan outet. Das Interesse, selbst VeganerIn zu werden, ist höher als die Absicht, vegan lebende Personen zum Fleischverzehr zu animieren. Bewunderung und Feindseligkeit halten sich die Waage. Noch applaudieren nicht alle, wenn jemand vegan lebt. Aber eine durchgehende Mauer der Ablehnung begegnet VeganerInnen nicht mehr. Deutlicher als in den meisten Daten wird hier sichtbar, dass ein Trend im Werden ist.

1.7 Das „veganste" Land ist Israel

Mag Indien das Land mit dem höchsten Anteil an vegetarisch lebenden Menschen sein – das Land mit dem höchsten Anteil an vegan lebenden Menschen ist, vermutlich für viele überraschend: Israel.[30] Und dabei wächst der Prozentsatz an VeganerInnen in hohem Tempo weiter: Laut dem israelischen Statistikamt waren 2010 rund 2,5 % der Bevölkerung VegetarierInnen. 2015 stieg der Wert auf 8 % VegetarierInnen plus 5 % VeganerInnen. „Das Phänomen ist enorm", zitiert Kersten Augustin den Ernährungssoziologen Rafi Grosglik von der Universität Tel Aviv, „vor wenigen Jahren war der Veganismus nur ein Phänomen der urbanen, linken Israelis aus der Mittelschicht, jetzt gibt es bis ins rechte Lager viele Veganer."[31]

Der durchschnittliche Fleischverbrauch pro Kopf sinkt in Israel allerdings wie in Deutschland noch nicht. Laut OECD und FAO konsumierten die Israelis im Jahr 2014 brutto pro Person durchschnittlich 63,0 Kilogramm Geflügel, 19,2 Kilogramm Rindfleisch, 2,0 Kilogramm Schweinefleisch und 1,9 Kilogramm Schaffleisch. Das sind in Summe 86,1 Kilogramm Fleisch, fast so viel wie in Deutschland (wobei das Schweinefleisch, das in Israel nur die wenigen ChristInnen essen, von JüdInnen und MuslimInnen durch Geflügel ersetzt wird). 2004 waren es in Israel brutto durchschnittlich 62,5 Kilogramm Geflügel, 18,4 Kilogramm Rindfleisch, 2,2 Kilogramm Schweinefleisch und 1,1 Kilogramm Schaffleisch.[32] Das waren in Summe 84,2 Kilogramm. Auf zehn Jahre gerechnet ist der Pro-Kopf-Fleischverbrauch der Israelis also sogar noch leicht gestiegen.

Aber warum liegt die vegane Ernährung ausgerechnet in Israel so stark im Trend? Folgende vier Gründe werden von den Ernährungssoziologen genannt:[33]

— Zunächst einmal ist es in Israel relativ leicht, sich vegan zu ernähren: Frisches Gemüse und Obst sind ganzjährig in großer Menge und Vielfalt vorhanden.

— Vegane Ernährung passt gut zu den Regeln der Kaschrut, den jüdischen Reinheitsvorschriften: Kern der Kaschrut ist eine strikte Trennung von Fleisch- und Milchküche. Weder dürfen Fleisch- und Milchspeisen gleichzeitig gegessen werden noch dürfen sie im selben Kühlschrank gelagert, in denselben Kochtöpfen zubereitet oder auf denselben Tellern serviert werden. – Wer also auf Fleisch und Milch verzichtet, erspart sich eine Menge komplizierter Einschränkungen.

— So grotesk es in deutschen Ohren klingen mag, aber in Israel bezeichnen viele TierrechtsaktivistInnen die massenhafte Tötung von Tieren als „Holocaust an Tieren". Die Vergasung männlicher Küken aus der Legehennenzucht, die gleich nach dem Schlüpfen stattfindet, vergleichen sie sogar mit den Gaskammern der Konzentrationslager. Und sie tun dies im vollen Bewusstsein der nationalsozialistischen Verbrechen.

— Zwei Faktoren, die auch in Deutschland zur Erklärung des veganen Trends herangezogen werden, gewinnen in Israel besonderes Gewicht, nämlich Selbstwirksamkeit und Komplexitätsreduktion: Je komplexer die Welt erscheint, umso mehr Menschen suchen Zuflucht in einfachen, gut überschaubaren Lösungen. Je weniger der Lauf der großen Politik beeinflussbar ist, umso mehr Menschen setzen Handlungen, die ihnen ihre Selbstwirksamkeit wenigstens im Kleinen bestätigen. In Israel sind die Erfahrungen der Komplexität ihrer Welt und der Unwirksamkeit ihres politischen Engagements auf die Spitze getrieben: „Wenn der Konflikt mit den Palästinensern unlösbar erscheint, beschäftigt man sich eben verstärkt mit sich selbst … Die Welt kann ich nicht ändern, aber meinen eigenen Lebensstil."[34]

Mir scheinen die genannten Gründe für den veganen Trend in Israel sehr plausibel. Sie zeigen, dass in der vegetarischen oder veganen Option weit mehr zusammenkommt als nur das Mitleid mit den Tieren. Das entwertet diese Option in keiner Weise. Aber es könnte doch ein erster Hinweis dafür sein, dass sie nicht zur Pflicht für alle gemacht werden kann.

1.8 Die Wirtschaft springt auf

Wo sich ein Trend entwickelt, ist die Wirtschaft mit neuen Angeboten nie weit. Und in der Tat bieten die großen Lebensmittelkonzerne zunehmend vegetarische und vegane Produkte an. Nach einer Marktanalyse im Auftrag der ARD-Sendung Plusminus vom 30. 4. 2014 stieg der Umsatz von rund 50 ausgewählten veganen Lebensmitteln in Deutschland zwischen 2012 und 2014 um fast 40 % auf über 22 Mio. Euro. Supermarktketten führen vegetarische oder vegane Produktlinien ein, die sie mit speziellen Namen und Designs ausstatten. Restaurants, die etwas auf sich halten, kennzeichnen vegetarische und vegane Gerichte mit eigenen Symbolen. Auch Fast-Food-Ketten bieten mittlerweile Veggie-Burger und andere Gerichte für ihre Klientel an. Und die Zahl spezifischer Kochbücher mit veganen Rezepten steigt in schwindelerregende Höhen. Selbst bei der Anuga in Köln, der weltweit führenden Ernährungsmesse für Handel und Gastronomie, fand sich unter den neun „Trendthemen" 2015 zum ersten Mal das Trendthema „vegane Produkte" neben den bereits fest etablierten Trendthemen Ökoprodukte, fair gehandelte Produkte und vegetarische Produkte und fünf weiteren Trendthemen.

Was für die Ernährung gesagt wurde, gilt analog für den Bereich der Kosmetika, für den es mittlerweile eine große Menge veganer Produktlinien und Marken gibt. Und zumindest Frauen haben in den großen Städten und v. a. im Internet kein Problem mehr, vegane Kleidung zu kaufen.

Wird Deutschland also tatsächlich vegan? „Deutschland Land der Veganer"[35] und „Deutschland nimmt Abschied vom Fleisch"[36] titelten in den letzten Jahren immerhin zwei große Tageszeitungen. Keine Frage: Am Horizont deutet sich die Morgenröte einer Ernährungsweise an, die auf Fleisch und womöglich auch auf andere tierische Produkte verzichtet. Ob die Sonne dieses Trends aber wirklich aufgeht oder ob sie noch lange hinter dem Horizont verborgen bleibt, das ist bei ehrlicher Würdigung der Zahlen eine offene Frage. Fair gehandelte Produkte, die die Anuga ebenfalls als Trendthema einordnet, haben auch nach 50 Jahren nur wenige Prozent des Marktes erobert, und selbst das nur bei wenigen Produkten wie Kaffee, Kakao und Schokolade. Öko-Lebensmittel kommen in Deutschland seit Jahren nicht über die Vier-Prozent-Marke hinaus, Bio-Fleisch nicht einmal über die Zwei-Prozent-Marke. Ein Siegeszug von Vegetarismus und Veganismus ist also bei weitem nicht ausgemacht. Und doch geht es um einen Trend, der die Gemüter bewegt. Das ist allemal ein Grund, über seine Anliegen vertieft nachzudenken.

TEIL III:
Die überraschende Nähe zwischen Christentum und Vegetarismus (Urteilen)

1. Vegetarismus und Veganismus in der Geschichte

Im ersten Teil haben wir die gegenwärtigen gesellschaftlichen Trends im Blick auf Fleischverzehr und Fleischverzicht bzw. den Verzicht auf tierische Produkte insgesamt betrachtet. Sie fordern uns heraus, die eigentliche ethische und mitunter auch theologische Frage anzugehen: Wie verhält sich das Christentum zum Fleischkonsum? Ist eine vegetarische oder gar vegane Ernährung christliche Pflicht? Ist sie umgekehrt vielleicht verwerflich, weil sie als eine alternative Heilslehre missverstanden werden kann? Oder gibt es eine völlige ethische Neutralität des christlichen Glaubens gegenüber Fleischverzehr und Fleischverzicht?

Dieser Frage können wir uns in einem ersten Schritt durch den Blick in die Geistesgeschichte annähern:[37] Welche philosophischen und theologischen Argumente wurden denn pro und contra Tiernutzung und Fleischverzehr vorgebracht? Wie haben jene, die sie vorbrachten, im Alltag gelebt? Und wie hat sich die Kirche dazu positioniert? Dabei müssen wir uns hier, wo es um einen geschichtlichen Rückblick geht, fast ausschließlich auf den Vegetarismus konzentrieren. Den Veganismus gibt es im abendländischen Kulturkreis wie erwähnt erst seit 70 Jahren. Einzig der Jainismus als zweieinhalb Jahrtausende alte

Religion, die wir aufmerksam analysieren werden, könnte in modernen Kategorien als vegan bezeichnet werden. Sein Ernährungsstil hat aber jenseits seiner eigenen Anhänger selbst in Indien nie Verbreitung gefunden.

Im Folgenden geschichtlichen Rückblick geht es nicht um enzyklopädische Vollständigkeit. Vielmehr sollen wesentliche Gruppen und Gestalten dargestellt werden, die zur Entwicklung und Verbreitung vegetarischen Gedankenguts beigetragen haben. Und da wir uns in ethischer Perspektive nach der christlichen Bewertung von Vegetarismus und Fleischkonsum fragen, gilt es v. a. die Gründe und Motive darzustellen, die VegetarierInnen in der Geschichte vorgebracht haben. Vorab soll aber ein kurzer Blick in die Prähistorie geworfen werden, die in Debatten über Fleischverzehr häufig eine Rolle spielt.

1.1 Menschwerdung durch Fleischnahrung in prähistorischer Zeit

War der Mensch ursprünglich ein Vegetarier? Gehört es womöglich zu seiner „Natur", sich vegetarisch zu ernähren? Diese Frage bewegt seit der Antike viele vegetarisch lebende Menschen. Verschiedene Mythen stellen sich den Urzustand der Menschheit als einen Zustand vegetarischer Ernährung vor. So hat dieser Mythos in Griechenland seit Hesiod (geboren ca. 700 v. Chr.)[38] und in Israel nach dem babylonischen Exil (587–540 v. Chr.) großen Anklang gefunden, nämlich in der ersten Schöpfungserzählung der Bibel (Gen 1,29 f). Doch muss man solche Mythen als das lesen, was sie sind, nämlich als Aussagen über Sinn und Ziel menschlichen Lebens, und nicht als prähistorische Reminiszenzen, die uns den tatsächlichen Hergang schildern. – Wie also war es wirklich? Heute besitzen wir Möglichkeiten zu einer ehrlichen Antwort.

Nach allen verfügbaren Erkenntnissen evolvieren die sogenannten Australopithekinen vor etwa 2,5 Mio. Jahren in zwei unterschiedlichen Typen:[39] Die robusteren Australopithekinen mit starken Backenzähnen essen in der Savanne des südlichen Afrika hartfaserige Pflanzen – sie sterben bei einer Klimaveränderung vor rund 1 Mio. Jahren aus. Die grazileren Australopithecinen essen auf der Grundlage eines differenzierten Werkzeuggebrauchs alles – auch Fleisch. Aus ihnen entwickelt sich vor etwa 1,5 Mio. Jahren der homo erectus, der gezielt auf die Jagd geht. „Der Übergang zur Jagd ist … die entscheidende ökologische Veränderung zwischen den übrigen Primaten und den Menschen. Man kann den Menschen geradezu definieren als den ‚hunting ape' … Die Jägerzeit umfasst den weitaus größten Teil der Menschheitsgeschichte; die höchstens 10 000 Jahre seit der Erfindung des Ackerbaus fallen demgegenüber kaum ins Gewicht. Von hier aus ergibt sich eine Perspektive, die die erschreckende Gewalttätigkeit verstehen lässt aus dem Raubtierverhalten, das er bei seiner Menschwerdung angenommen hat."[40]

Die Techniken der Jagd entwickeln sich dabei sehr allmählich:[41] Seit etwa 300 000 Jahren machen die Menschen Jagd auf kleine Großtiere, die über steile Klippen gescheucht und gestürzt werden – durch alle Männer, Frauen und Kinder eines Clans gemeinsam. Diese Form der Jagd ist allerdings sehr ineffizient und nicht nachhaltig, da der Verlust an Tieren, die man nicht essen kann, bevor ihr Fleisch verdorben ist, hoch ist, weil man viel zu viele Tiere auf einmal getötet hat. Vor etwa 30 000 Jahren entwickelt man daher die Pirschjagd mit gezielter Jagdtechnik und speziellen Waffen, die nur durch die Männer durchgeführt wird.

Vor der Sesshaftwerdung schätzt man den Fleischkonsum des Menschen auf etwa ein Drittel der benötigten Kalorien und damit auf knapp 800 Gramm pro Tag.[42] Mit der Sesshaftwerdung nach der letzten Eiszeit vor etwa 10 000 Jahren entwickelt der Mensch Ackerbau und Tierhaltung. Dieser Paradigmenwechsel zwingt ihn wie von selbst zu strikter Ressourceneffizienz, da er seine Nahrung nun selbst erarbeitet. Das reduziert den Fleischverzehr drastisch, weil es effizienter ist, pflanzliche Kalorien direkt zu essen als indirekt durch den Tiermagen hindurch.[43]

1.2 Der religiöse Veganismus und Vegetarismus in Indien

Für eine dauerhaft vegetarische Lebensweise gibt es Rahmenbedingungen, die in vorindustriellen Agrargesellschaften notwendig gegeben sein müssen: zum einen eine hoch entwickelte Ackerbaukultur mit einer Vielfalt angebauter Nutzpflanzen, zum anderen ein Klima, das keine langen und strengen Winter kennt. Nur so ist eine ganzjährige, gesunde Ernährung mit pflanzlichen Lebensmitteln denkbar. In polarnahen Gebieten können die Menschen nicht genügend Vorräte für den Winter erwirtschaften und bleiben daher zumindest in der kalten Jahreszeit auf Jagd und Fischfang angewiesen.

Beinahe zeitgleich dürfte der Vegetarismus in zwei Hochkulturen entstanden sein: In Indien führt ihn der Gründer des Jainismus, *Mahavira* (gestorben 527 v. Chr.), ein – ein strenger Asket, der das hinduistische Prinzip der Ahimsa (Gewaltlosigkeit) mit dem Gedanken der Seelenwanderung verknüpft. Weil im Jainismus auch gegen Tiere keine Gewalt angewandt werden darf, leben die Mitglieder dieser Religion, in Indien gegenwärtig etwa 5 Mio., streng vegan, denn sie verzichten auf sämtliche tierischen Produkte, auch auf Leder, Seide und andere Kleidungsstücke mit tierischen Bestandteilen. In vielen ihrer Praktiken gehen sie sogar darüber hinaus, denn auch das unabsichtliche Töten von Tieren wollen sie unter allen Umständen vermeiden. Deswegen tragen sie unterwegs einen Mundschutz, um nicht versehentlich eine Mücke zu verschlucken, ja vermeiden das Unterwegssein soweit als möglich. Nach Einbruch der Dunkelheit essen sie nicht mehr, da Insekten in die Speise fallen und sterben könnten. Gemüse wie Zwiebeln oder Rüben, die unter der Erde wachsen, verzehren sie überhaupt nicht, weil beim Herausziehen Lebewesen getötet werden könnten. Folgerichtig üben Jainas keine Berufe aus, die das zufällige oder absichtliche Töten von Tieren mit sich bringen wie die Landwirtschaft, viele Handwerksberufe oder der Bergbau. So steht ihnen ein relativ eingegrenztes Spektrum an Berufen zur Verfügung – die meisten von ihnen sind Händler oder Bankiers.

Es ist evident, dass eine so rigide Askese, wie sie der Jainismus fordert, nur von einer kleinen Minderheit gelebt werden kann. 0,5 % der InderInnen gehören dem Jainismus an – und das war von Anfang an so. Die Radikalität der Interpretation der Gewaltlosigkeit sorgt dafür, dass diese Religion nie eine Massenbewegung wurde. Aber das wollte sie vermutlich auch gar nicht. Denn mit ihrer Lebensweise setzt sie sich ausdrücklich vom Buddhismus ab.[44] Ihr „Super-Veganismus" ist ein Identitätsmerkmal gegenüber allen anderen in Indien beheimateten Religionen.

Der frühe *Buddhismus* ernährt sich nämlich nicht vegetarisch – nicht einmal die Mönche verzichten auf Fleisch. Im „mittleren Weg" sieht man den Vegetarismus sogar als zu extrem an und bekämpft ihn. Schließlich habe der Gründer Gautama Siddharta ebenfalls Fleisch gegessen.[45] Erst im 3. Jahrhundert v. Chr. behauptet ein sri-lankischer Text, Buddha sei Vegetarier gewesen.[46] Alles in allem ist eine charakteristische Ambivalenz der buddhistischen Texte zu beobachten:[47] Für den Buddhismus sind Tiere einerseits fühlende, leidensfähige Lebewesen wie der Mensch, haben aber andererseits weniger Erkenntnis als Menschen und gehören folglich einer niedrigeren Klasse von Lebewesen an, weshalb die Wiedergeburt eines Menschen in einem Tier als schwere Strafe gilt. Die buddhistischen Texte sehen alle Lebewesen in einer universalen Harmonie vereint. Ihre Tötung wäre eine Zerstörung dieser Harmonie. Und doch fallen die Strafen für Tierschädigung geringer aus als solche für Menschenschädigung. Hier bleiben fundamentale Spannungen offen. Insgesamt zeigt der Buddhismus zwar von Anfang an eine hohe Wertschätzung für das Tier, kennt aber keine Verpflichtung zum Vegetarismus. Bis heute bleibt es bei einer sehr unterschiedlichen Praxis in den einzelnen buddhistischen Ländern und Klöstern.[48]

1.3 Der philosophische Vegetarismus der Antike

Die zweite Hochkultur, die fast gleichzeitig mit Indien einen vegetarischen Lebensstil entwickelt, ist Griechenland. Dort gilt *Pythagoras* (ca. 570–490 v. Chr.) als „Stammvater des Vegetarismus in Europa".[49] Ob Pythagoras selbst vegetarisch lebt, ist umstritten – die überlieferten Aussagen widersprechen einander. Die in der Geschichtsforschung meistvertretene These besagt, dass Pythagoras von sich selbst und seinen engsten Jüngern den Vegetarismus verlangt, von seinem erweiterten Schülerkreis nicht.[50] Als originäre Gründe für diese Lebensweise finden sich in seinen Schriften die beiden Gedanken, dass Tiere beseelte Wesen sind und dass die Seele von Tieren zu Menschen wandern kann und umgekehrt. In den Schriften seiner Schüler kommen drei weitere Argumente hinzu: Die vegetarische Ernährung diene der Reinheit der Seele und der Klarheit des Denkens; Fleischgenuss sei gesundheitsschädlich; die Barmherzigkeit und Milde gegenüber Tieren sei Ausdruck wahrer Humanität.[51]

In beiden Ursprungsgesellschaften in Indien und Griechenland ist der Vegetarismus keine rein private Entscheidung, die Menschen für sich treffen und im stillen Kämmerlein leben. Vielmehr wird über die alternative vegetarische Lebensweise eine von der Mehrheitsgesellschaft differierende Wertorientierung gelebt, die für diese sichtbar ist. Und gerade weil Essen und Trinken ein enormes verbindendes Potenzial aufweisen, wird das Sich-Absetzen von den geltenden Standards des Essens wie von selbst als Distanzierung und Provokation empfunden. Vegetarismus begründet die Lebensgestalt einer gesellschaftlichen Minderheit, die sich als Elite versteht.

Wie entwickelte sich der Vegetarismus im griechisch-römischen Kulturkreis weiter? *Platon* (428–348 v. Chr.) unterhält eine enge Beziehung zu den Pythagoräern. Auch er vertritt die Lehre von der Seelenwanderung, auch er schließt die Tiere als beseelte Wesen in diese Lehre ein. Inspiriert von Hesiod ist Platon überzeugt von einer Urzeit, in der alle Menschen vegetarisch lebten.[52] Damals sei der

Staat ein vegetarisch lebendes Gemeinwesen gewesen, dann aber degeneriert.[53] Trotz dieser erkennbaren Präferenz für den Vegetarismus erhebt Platon aber keine explizite, für alle verbindliche ethische Forderung. Dennoch ist seine Sympathie für den vegetarischen Lebensstil später eine fruchtbare Quelle für die Neuplatoniker, die konsequent vegetarisch leben.[54]

Gegen die pythagoräische und platonische Präferenz des Vegetarismus erheben sich schon bald prominente Gegenstimmen: *Herakleides von Pontos* (390–322 v. Chr.), ursprünglich ein Schüler Platons, wird ein dezidierter Antivegetarier. Seine Argumente sind uns durch Porphyrios bekannt:[55] Wenn man keine Tiere essen dürfe, dann auch keine Pflanzen – sie sind ebenfalls beseelt; wenn man kein Fleisch essen dürfe, dann auch nicht Milch, Honig und Eier – auch deren Verzehr beraube die Tiere. Der Ovo-Lacto-Vegetarismus ist für Herakleides also inkonsequent. Darüber hinaus bietet er zwei Argumente, die seines Erachtens stark für den Fleischverzehr sprechen: Einerseits würden sich die Tiere ohne ihre Tötung durch den Menschen zu stark vermehren, und andererseits sei eine frühe Tötung gut für die Tiere, weil ihre Seelen dann schneller wieder in einen Menschen gelangen, und das sei ja besser.[56] Man merkt schon: Herakleides glaubt weder an die Seelenwanderung noch an eine Tierseele, nimmt aber fiktiv an, es wäre so, um die vegetarischen Philosophen mit ihren eigenen Waffen zu schlagen.

Zum stärksten Gegner vegetarischen Lebens entwickelt sich die *Stoa*, die strikt anthropozentrisch denkt: Der Mensch ist den Göttern verwandt und besitzt die Vernunft. Damit ist er den Tieren weit überlegen. Hier greift die Stoa alte griechische Ideen auf, aus denen die

Bezeichnung der Tiere als vernunftlose Wesen entsteht, spitzt diese These aber massiv zu: Tiere haben weder Vernunft noch Gefühle – sie können sich nur „gewissermaßen" freuen, erinnern, zürnen. Im Sinne der stoischen Teleologie ist damit klar: Tiere sind nur (!) zum Wohl des Menschen erschaffen[57] und daher mit Eigenschaften begabt, die für den Menschen besonders hilfreich sind, z. B. der Esel mit einem starken Rücken, der Ochs mit einem breiten Nacken, Vögel und Fische mit schmackhaftem Fleisch usw.[58] – Der Erfolg der stoischen Lehre ist nicht nur in dieser Hinsicht durchschlagend: Vom 3. bis zum 1. Jahrhundert v. Chr. gibt es kaum Vegetarier-Philosophen.[59]

Doch man braucht nur lange genug warten, bis das Pendel wieder in die Gegenrichtung ausschlägt. Ein starker Protagonist vegetarischen Lebens ist der Mittelplatoniker *Plutarch* (um 45 – um 125 n. Chr.). Seine beiden Abhandlungen über das Fleischessen,[60] zwei Jugendwerke, sind die ältesten vollständig erhaltenen Schriften für eine vegetarische Ernährung und zugleich die ersten, die das Tierwohl in den Mittelpunkt stellen.[61] Darüber hinaus finden sich weitere Argumente für den Vegetarismus in einer Reihe anderer Schriften aus seiner Feder.

Für Plutarch ist es nicht verwunderlich, wenn jemand auf Fleisch verzichtet, sondern wenn jemand es isst. Denn der Fleisch essende Mensch muss das Schlachten der Tiere sehen, riechen und schmecken und das Brüllen der Tiere hören. Schon hier wird offenkundig, dass Plutarch das Tier in seinem Eigensein und seiner eigenen Wertigkeit wahrnimmt. Dementsprechend gehen seine wesentlichen Argumente für den Vegetarismus von einer Gerechtigkeitsvorstellung aus, die auch die Tiere als AdressatInnen ansieht:

- Die Tiertötung entspricht nicht dem Gebot der Verhältnismäßigkeit der Mittel: „Für ein kleines Stückchen Fleisch nehmen wir den Tieren die Seele sowie Sonnenlicht und Lebenszeit."[62]
- Die Zufügung von Tierleid ist nur aus einem angemessenen Grund zu rechtfertigen, nicht aber aus reiner Lust auf Fleisch.[63] Der Verzehr von Fleisch ist gegenwärtig nicht lebensnotwendig, da genug pflanzliche Nahrung vorhanden ist.[64]
- Tiere verdienen wie SklavInnen eine faire Behandlung bis zum natürlichen Tod.[65]
- Wenn man daran glaube, könne man die Vorstellung von der Seelenwanderung als Hilfsargument heranziehen:[66] Tiere sind zweifellos beseelte Wesen. Weil aber über die Seelenwanderung Unsicherheit besteht, muss man Vorsicht walten lassen und darf die Tiere nicht töten.

Zu diesen auf das Tierwohl konzentrierten Hauptargumenten kommen bei Plutarch einige eher anthropozentrisch angelegte Ergänzungsargumente. Sie haben im Dialog mit den strikt anthropozentrisch denkenden Stoikern hohe Bedeutung, denn diese werden dem Tierwohl keine ethische Relevanz zuschreiben und daher die „biozentrischen" Argumente, die Plutarchs „Herzensargumente" sind, als belanglos betrachten.

- Tierschonung fördert Mitmenschlichkeit und Menschenliebe, das Schlachten hingegen Gewalt auch gegen Menschen.[67]
- Fleischverzehr stumpft die Seele ab, macht sie schwach und kraftlos.[68]
- Fleischverzehr ist unnatürlich: Der Mensch hat keine natürlichen Tötungswerkzeuge wie die tierlichen Beu-

tegreifer, weder Krallen noch scharfe Zähne noch einen scharfen Schnabel. Auch besitzt er keinen dem Fleischverzehr angepassten Magen. Er muss das Fleisch kochen, damit es genießbar wird, und balsamiert es gleichsam wie einen Leichnam, damit es ihm überhaupt schmeckt. Doch seine Verdauung hat Probleme mit dem Fleisch, und überhaupt schadet dieses der menschlichen Gesundheit.[69]
– Die Begierde, Fleisch zu essen, ist eine widernatürliche, wesensfremde Lust: Der Mensch wandte sich dem Fleischverzehr in einer Notzeit zu, als die pflanzliche Ernährung nicht zum Überleben reichte. Jetzt aber ist wieder pflanzliche Nahrung im Überfluss vorhanden und daher der Fleischverzehr eine Beleidigung der agrarischen Gottheiten Demeter und Dionysos.

Trotz all dieser Argumente verlangt Plutarch keinen strikten Vegetarismus (und lebt ihn als Opferpriester wohl auch selber nicht), sondern nur einen sehr maßvollen Fleischverzehr, der sich an den Notwendigkeiten und nicht an der Lust orientiert: Die Tiere riefen in ihrem Schreien: „Töte mich, um mich zu essen, aber bring mich nicht um, um genussvoller zu essen!"[70] Gerade die Stoiker, die nach ihren eigenen Ansprüchen ihren Lüsten überlegen sein wollten, sollten sich folglich des lustgeleiteten Fleischverzehrs enthalten.

Gegen Ende der Antike verfasst der Neuplatoniker *Porphyrios aus Tyros* (um 234–301/305) mit seiner Schrift „Über die Enthaltung von Beseeltem" in vier Büchern die einzige längere antike Abhandlung über den Vegetarismus – sie ist neunmal so lang wie Plutarchs Reden, sehr systematisch aufgebaut und durch eine breite Rezeption antivegetarischer Argumente ausgezeichnet.[71] Im Unterschied zu Plutarch und trotz seiner dezidierten Gegnerschaft zum Christentum argumentiert Porphyrios stark theologisch, was ihn aus unserer Perspektive doppelt interessant macht.

Das erste Buch thematisiert v. a. den Aspekt der Lust des Fleischverzehrs: Ein weiser Mensch werde seinem Körper nur das quantitativ und qualitativ Notwendige geben.[72] Geist und Gefühl seien eine Einheit, daher berühre die Wollust auch den Geist.[73] Fleischverzehr mache folglich an Seele und Geist müde, schwach und träge[74] und behindere die Angleichung an Gott[75]. Das maßvolle Essen hingegen befreie von vielen Übeln: von Überfluss, Verschlafenheit, Krankheiten, sexueller Erregung, Fettleibigkeit und Gewalttätigkeit.[76] Die vegetarische Ernährung mache die Seele rein und bereit zur Gotteserfahrung.[77]

Im zweiten Buch geht es um Liebe zu und Mitgefühl mit den Mitgeschöpfen: Hunger und Kriege hätten den Menschen zum Fleischverzehr gezwungen – jetzt aber herrsche Überfluss und mache den Fleischverzehr unnötig.[78] Pflanzen gäben ihre Früchte freiwillig, Bienen teilten ihren Honig mit den Menschen, die sie versorgen[79] – hier gehe es um ein wechselseitiges Schenken der Nahrung. Liebe zu und Mitgefühl mit den Mitgeborenen würden geweckt, wenn man sich entsprechend ernähre.[80]

Das dritte Buch reflektiert die Fähigkeiten und den moralischen Status der Tiere: Tiere hätten entgegen der stoischen Überzeugung sehr wohl Vernunft, sonst könnten sie weder dem Menschen dienen noch untereinander neiden und streiten.[81] Alle Tiere hätten in gewissem Maße Vernunft, wenn auch die meisten sehr unvollkommen.[82] Tiere seien auch nicht allein oder primär zum menschlichen Nutzen geschaffen – wozu gäbe es sonst nicht jagdbare Wildtiere?[83] Und schließlich wäre in einer so strikt teleologischen Sicht wie der stoischen auch der Mensch zum Nutzen der Löwen geschaffen.[84] Nein, Tiere hätten dieselbe Entstehungsweise wie Menschen und seien deshalb im Unterschied zu den Pflanzen deren Verwandte.[85] Aus diesen naturphilosophischen Überlegungen folgt für Porphyrios eine ethische Rechtsgemeinschaft zwischen Mensch und Tier, die das Verbot einschließt, sanfte Tiere zu töten, und nur die Notwehrtötung erlaubt. Das Prinzip der Gerechtigkeit verlange für Gewaltanwendung Notwendigkeiten, Fleischverzehr sei aber nicht notwendig.[86] Schließlich sei Gott das Prinzip der Nicht-Schädigung zu eigen.[87]

Im vierten Buch geht es um kulturgeschichtliche Betrachtungen, die auch den Mythos vegetarischer Ernährung im Goldenen Zeitalter behandeln.

Insgesamt kann die griechisch-römische Kultur der Antike als tendenziell vegetarische Kultur betrachtet werden.[88] Sie interessiert sich nicht für die wilde Natur. Zivilisation und Stadt stehen im Mittelpunkt der Aufmerksamkeit, der Acker ist ihnen zugeordnet und der wilden, nichtmenschlichen, nichtproduktiven Natur entgegengesetzt. Als Kern der Ernährung und Inbegriff der Kultur gelten Getreide, Wein und Öl. In diesem Sinne sehen sich Griechen und Römer ganz im Gegensatz zu den „Barbaren". Diese neigen zu Jagd und Fischerei und zum Sammeln wilder Früchte. Sie essen bzw. trinken viel Fleisch und Milch, tierische Fette und Butter, Sidre aus wilden Früchten und Bier – für die Griechen und Römer alles Speisen und Getränke, die sie eher meiden. Entscheidendes Kennzeichen der Zivilisation ist für sie das künstliche

Konstruieren und „Erfinden" der Speisen durch die Entwicklung komplexer Verarbeitungsschritte.[89] Während sich die Menschen im germanischen Paradies v. a. vom „Großen Schwein" ernähren, das täglich gekocht wird und am Abend wieder ganz ist,[90] wird das Paradies der griechischen und römischen Urmythen und der Bibel als ein Garten beschrieben, in dem man vegetarisch lebt.

1.4 Der christliche Vegetarismus im Mönchtum

Im Mittelalter vermischen sich die beiden Kulturen in Europa – die römische und die „barbarische" –, und Fleischverzehr wird auf dem gesamten Kontinent wichtiger.[91] Seit dem 7. und 8. Jahrhundert bewertet man die Wälder nicht mehr nach der Fläche, sondern nach der Zahl der Wildschweine. Fleisch statt Brot wird als Nahrung der Kranken empfohlen. Es wird zum Symbol von Kraft und Macht. Wer vom Fleischverzehr ausgeschlossen ist, ist gedemütigt. Viel stärker als zuvor ist nun das Fleisch ein Symbol von Ansehen und Prestige.

Doch der Vegetarismus ist schon in der Antike ein Eliteprogramm einer kleinen Minderheit gewesen, und das bleibt auch so. Im Christentum wird er v. a. durch das Mönchtum weitergetragen und gelebt.[92] Vorab zu einer genaueren Analyse muss vorausgeschickt werden, dass die im Mönchtum verwendeten *Begrifflichkeiten* keinerlei biologische Präzision haben. Stets vermischen sich Wahrnehmungen des Tieres mit sozialen Gegebenheiten der menschlichen Gesellschaft und symbolischen Einteilungen der Schöpfung. Nur unter dieser Perspektive kann die folgende Grobgliederung plausibilisiert werden:

- „*Fleisch*" im engen Sinn meint das Fleisch warmblütiger, vierfüßiger Tiere. Nur diese sind exklusiver Besitz der Reichen – der Arme besitzt keinen Zugang zu ihrem Fleisch. Das gilt sowohl für das Vieh als auch für das Wild, dessen Bejagung dem Adel vorbehalten ist.
- *Geflügel* als das Fleisch warmblütiger, aber zweifüßiger Tiere ist zwar aus tierethischer und biologischer Perspektive nicht vom „Fleisch" im engen Sinn zu unterscheiden, wohl aber aus sozialer Perspektive: Geflügel ist das Fleisch des armen Mannes. Sein Verzehr lässt keinen übertriebenen Wohlstand erkennen. Zudem stehen Vögel und Fische, die gemeinsam am fünften Schöpfungstag erschaffen werden, dem Menschen räumlich und emotional nicht so nahe wie die vierfüßigen Landtiere, die am sechsten Schöpfungstag erschaffen werden – eine Überlegung, die man in vormodernen Zeiten nicht unterschätzen darf und die bei Hrabanus Maurus zentrale Bedeutung hat.[93]
- Für *Fisch* als das Fleisch kaltblütiger Tiere gilt Ähnliches. Auch hier ist natürlich schon in der Antike jedem Menschen klar, dass es sich um Lebewesen handelt. Aber da die meisten Gewässer im Unterschied zu Wäldern kein Privateigentum sind, sondern allen Menschen zum Fischfang offenstehen, ist der Fisch prinzipiell ein Nahrungsmittel für jedermann. Die häufig kolportierte Behauptung, das mittelalterliche Mönchtum habe Biber und Fischotter zu den Fischen gerechnet, entbehrt hingegen jeglichen Quellenbelegs und dürfte eine Erfindung sein.[94]
- Auch *Eier* sind für den tierschutzsensiblen Menschen keine selbstverständliche Speise, da sie potenziell den Keim eines jungen Vogels enthalten, der bei ihrem Ver-

zehr getötet würde. Aus diesem Grund gibt es im Mönchtum durchaus Traditionsstränge, die auf den Verzehr von Eiern ganz oder teilweise verzichten.
– Ähnliches gilt für *Milch und Milchprodukte*. In der Milch ist zwar kein heranwachsendes Lebewesen enthalten, doch dient sie den Jungtieren zur Nahrung. Nimmt der Mensch sie zum eigenen Verzehr, dann beraubt er den tierischen Nachwuchs. Daher beschränken manche Mönchstraditionen den Milch- und Käsekonsum erheblich.
– Das einzige vordergründig „unproblematische" Nahrungsangebot sind *Pflanzen*. Ihr Verzehr wird in den monastischen Traditionen keinerlei Restriktionen unterworfen.

Das *östliche Mönchtum* scheint von Beginn an einen strikten Vegetarismus zu leben (wobei Eier und Milch nicht problematisiert werden), beginnend bei den ägyptischen und syrischen Wüstenvätern und -müttern. Sogar wenn sie nicht fasten, essen sie gemäß den Apophthegmata Patrum nur Brot und Salz,[95] also „trockene" Speisen im Gegensatz zu frischem Obst, gekochtem Gemüse und fettem Fleisch, trinken absolut keinen Wein[96] und verzichten fast vollständig auf Öl.[97] Sie betrachten die Abstinenz als privilegiertes Mittel, die leiblichen Begierden zu überwinden.[98] Ihre „Xerophagie", übersetzt das „Essen des Trockenen", dessen zentrale Merkmale die Enthaltsamkeit von Fleisch und Wein sind, muss im Zusammenhang der Sexualmoral verstanden werden: Nach antiker Vorstellung fördert der Verzehr trockener Nahrung die Enthaltsamkeit, während das Verspeisen von feuchtem Obst oder gekochtem Gemüse die Produktion sexueller Körperflüssigkeiten anregt und der Verzehr von Fleisch sexuell

„heiß" macht. Als leuchtendes biblisches Beispiel dienen die drei Jünglinge am Königshof Nebukadnezzars in Babylon, die Xerophagie praktizieren (Dan 1,4–16) und im Feuerofen nicht verbrennen (Dan 3).[99]

Insgesamt bleibt das frühe Christentum aber seinen Wurzeln treu und übernimmt die Zurückhaltung Jesu und des Judentums gegenüber zu strengen Abstinenzgeboten. Vor allem mahnt es, Fasten und Xerophagie nicht zur Ideologie zu machen, innerhalb der jede Freude am Essen und Trinken verteufelt wird. Irenäus von Lyon[100] kritisiert den Gnostiker Saturninus in Syrien, der die Ehe als Werk des Satans bezeichne und die Fleischabstinenz als zwingende Verpflichtung propagiere.

Durch die griechischen Philosophen inspiriert präsentiert insbesondere Hieronymus ein leidenschaftliches Plädoyer für vegetarische Ernährung.[101] Im goldenen Zeitalter vor der Sintflut hätten die Menschen kein Fleisch gegessen, sondern nur die grünen Pflanzen (Gen 1,29f). Erst im Noachbund (Gen 9,3) sei der Fleischverzehr erlaubt worden. Außerdem bedrohe er die Reinheit der Seele und die Gesundheit des Leibes. So ist für Hieronymus der Verzicht auf Fleisch ein Signum der Vollkommenheit und der Vorwegnahme des Paradieses. Denn im Himmel werde kein Fleisch gegessen.

Die Mönche des Athos sind noch heute den Vorstellungen des Hieronymus sehr nahe. Sie kennen nicht einmal die Haltung von Hühnern oder Milchvieh, nur für die Mahlzeiten der Hochfeste ist der Fischfang üblich. Ansonsten gilt mit Berufung auf die biblischen Schöpfungserzählungen das Prinzip, keine Gewalt gegen Tiere anzuwenden und in der Mönchsgemeinschaft der Realisierung des Schöpfungsfriedens zumindest nahezukommen.

Das *westliche Mönchtum* ist demgegenüber einen etwas moderateren Weg gegangen. Zwar erlaubt Caesarius von Arles nur für die Kranken den Verzehr von Geflügel, das Fleisch vierfüßiger Tiere hingegen gar nicht.[102] Damit ist er einem strikten Vegetarismus noch sehr nahe. Doch die anderen westlichen Regeln enthalten entweder keine Angaben oder erlauben wie die Regula Magistri und die Regel Benedikts eine behutsame Öffnung: Nicht jeglicher Fleischgenuss ist verboten, sondern nur der Verzehr vierfüßiger Tiere, wobei die Kranken von dieser Einschränkung dispensiert sind.[103] Geflügel (und zumindest nach späterer Interpretation auch Fisch) ist hingegen auch den Gesunden erlaubt.

Wie hat sich die begrenzte Öffnung Benedikts für den Fleischverzehr in späteren Jahrhunderten ausgewirkt? Einige wenige Schlaglichter auf die großen monastischen Reformen müssen genügen:

Die *KartäuserInnen* verzichten gänzlich auf Fleisch. Jeden Donnerstag essen sie etwas Käse, am Sonntag auch Fisch und Eier, ansonsten nur pflanzliche Nahrung.[104] In heutiger Terminologie könnte man sagen: Fünf Tage der Woche leben sie vegan, einen Tag lacto-vegetarisch und einen pescetarisch. Diese Strenge hat ihren Grund zunächst darin, dass sie gemäß ihren Konstitutionen außerhalb der Klostermauern keine Äcker besitzen dürfen und deshalb die für Mastvieh notwendigen Futtermittel nicht erwirtschaften können. Die annähernd vegetarische Lebensweise ist für sie damit primär ein Zeichen ihrer Armut. Aber natürlich wirken auch in ihr die schöpfungstheologischen Impulse des Hieronymus weiter.

Die *zisterziensische Reform* schärft ebenfalls aufs Neue ein, dass es Fleisch und tierisches Fett nur für Kranke und

Lohnarbeiter gibt, die gesunden Mönche aber vollständig darauf verzichten müssen.[105] Der Verzehr von Fisch hingegen nimmt gerade bei den ZisterzienserInnen beträchtliche Ausmaße an. Sie werden zu den WasserbauspezialistInnen des Mittelalters, um große und perfekt angepasste Fischteiche anzulegen.

In den traditionellen *benediktinischen Klöstern* des Mittelalters dürfte der Fleischverzehr eine enorm umstrittene, aber weit verbreitete Praxis gewesen sein.[106] Mehrfach mahnen Päpste wie Innozenz III. 1203 und Benedikt XII. 1336 zur Fleischabstinenz. Doch erst im 15. Jahrhundert setzt sich in der benediktinischen Ordensfamilie selbst die Erkenntnis der Notwendigkeit von Reformen durch.

Eine dieser Reformen geht 1418 bis 1452 vom Stift Melk aus – die sog. *Melker Reform*: Sie verfügt den absoluten Fleischverzicht gemäß den Bestimmungen Benedikts XII., auch für die Gäste der Klöster und für den Abt. Den Gästen wird es notfalls erlaubt, auf der Krankenstation der Mönche Fleisch mitzuessen.[107] Während der vielen und langen Fastenzeiten schreibt die Reform sogar den Verzicht auf Milchprodukte und Eier vor – erlaubt jedoch an einigen Wochentagen Fisch.[108] – Insgesamt handelt es sich bei den Melker Bestimmungen zum Fleischverzicht um einen „der am heftigsten umstrittenen und ... am häufigsten vernachlässigten Programmpunkte der Reform ... vor allem in den Frauenklöstern"[109]. Und so wundert es nicht, dass sich bereits 1460 Relativierungen finden:[110] Am Dienstag und Donnerstag wird der Fleischverzehr erlaubt, wenn es sich nicht um einen Fasttag handelt.

Warum ist ausgerechnet die Fleischabstinenz ein Punkt so intensiver und permanenter Auseinandersetzungen? Warum scheitern viele Klöster genau daran? Aus den historischen Quellen lässt sich die Antwort bestenfalls erahnen. Natürlich dürfte ein Aspekt die sehr menschliche Schwäche der Mönche und Nonnen und ihre Freude am Fleischverzehr gewesen sein. Aber das ist kaum die ganze Erklärung. Vermutlich ist es in der Vormoderne nördlich der Alpen und insbesondere in rauen, unwirtlichen Gegenden schlichtweg unmöglich, genügend pflanzliche Nahrung zur Verfügung zu stellen. Fleischabstinenz heißt dann hungern – dass das auf Dauer keine Akzeptanz findet, kann man verstehen. Im benediktinischen Ursprungsland am Montecassino, in Subiaco und im mediterranen Raum insgesamt mögen über den gesamten Jahreskreis genügend pflanzliche Produkte vorrätig sein und ein (nahezu) vegetarisches Leben ermöglichen. In kälteren Klimazonen aber wirft der analoge Versuch größte Schwierigkeiten auf und ist offenbar oft gescheitert. Dennoch bleibt die Mahnung Benedikts gültig, den Fleischverzehr der eigenen Gemeinschaft beständig zu prüfen und seine Reduktion auf ein Mindestmaß zu versuchen. Es ist nicht selbstverständlich, dass der Mensch andere Lebewesen tötet, um sich von ihnen zu ernähren – so die Überzeugung der gesamten monastischen Tradition.

Dass es im Christentum immer wieder extreme Strömungen gibt, deren Fleischabstinenz aus einer dezidierten Leibfeindlichkeit und Sexualfeindlichkeit erwächst, zeigt sich exemplarisch an den mittelalterlichen *Katharern* (wörtlich übersetzt „die Reinen") oder *Albigensern* (nach der südfranzösischen Stadt Albi, die eines ihrer Zentren ist). Diese christliche Laienbewegung breitet sich ab etwa 1140 schnell über ganz Europa aus und wird durch die römische Inquisition zwischen 1209 und 1310 derart konsequent verfolgt, dass von ihr nichts übrig bleibt. Bei allen Unsicherheiten über ihre Lehre darf als erwiesen gelten, dass die Katharer einem konsequenten Dualismus von Geist und Materie folgen. Damit ist insbesondere die Sexualität für sie im wörtlichen Sinne Teufelswerk. Deren Ablehnung begründet zumindest teilweise die Ablehnung tierischer Speisen. Fische dürfen aber verzehrt werden, weil man im Mittelalter überzeugt ist, sie seien kein Produkt sexueller Zeugung, sondern gingen aus dem Wasser hervor. Eine weitaus stärkere Begründung für die Fleischabstinenz liegt jedoch in der von den Katharern ebenfalls geglaubten Seelenwanderungslehre. – Ohne ihre gewaltsame Verfolgung rechtfertigen zu wollen, bleibt die Option der Kirchenleitung, einer derart radikalen Leibfeindlichkeit nicht zu folgen, von grundsätzlicher anthropologischer und ethischer Bedeutung. Bei aller Hochschätzung vegetarischer Ernährung weigert sich die Kirche konsequent, daraus eine für alle verbindliche Pflicht zu machen.

1.5 Der säkulare Vegetarismus der Neuzeit

Der frühneuzeitliche, humanistisch inspirierte Vegetarismus hat seine Wurzeln in *Italien*. Der erste „säkulare" Vegetarier seit der Antike ist Luigi Cornaro (1467–1565).[111] Sein vegetarisches Plädoyer ist nicht ethisch, sondern gesundheitlich motiviert. In seiner Autobiographie „Discorsi della vita sobria" von 1548 preist er die Freuden seines Alters gegenüber vielen, die ein weit geringeres Lebensalter haben, und sieht die Voraussetzung seiner guten Gesundheit und seines hohen Alters in der Befolgung einer strengen vegetarischen Diät. Auch der belgische Jesuit und Moraltheologe Leonard Lessius[112] empfiehlt in seinem Buch „Hygiasticon" von 1614 – inspiriert von

Cornaro – eine vegetarische Diät als unter dem Gesichtspunkt der Maßhaltung einzig gesunde Lebensweise. Leonardo da Vinci (1452–1519)[113] ist schließlich der erste neuzeitliche Vertreter eines tierethisch motivierten Vegetarismus. Zwar gibt es keinen sicheren Beweis, dass er vegetarisch lebt. Doch wird vermutet, dass die Rechnungen für Fleisch, die sich in seiner Hinterlassenschaft finden, das Fleisch für seine Familie und die weiteren HausbewohnerInnen betreffen. Seine Tagebücher enthalten jedenfalls viele Hinweise auf eine konsequente Humanität gegenüber Tieren.

Das Mutterland des neuzeitlichen Vegetarismus ist jedoch *England*. Inspiriert von der englischen Übersetzung der Schriften von Jakob Böhme (1575–1624) zwischen 1644 und 1662 und dessen starkem Akzent auf dem Mitgefühl entwickelt sich dort ein zunächst dezidiert religiöser Vegetarismus, der nach und nach eine autonome, von der christlichen Religion unabhängige Gestalt annimmt. Der Kaufmann und Bestsellerautor Thomas Tryon (1634–1703) ist der Erste, der für den Vegetarismus wirbt: Vegetarische Ernährung sei das beste Mittel, das Fleisch zu überwinden und den Geist triumphieren zu lassen. Fleischverzehr zeuge von moralischem Verfall. Denn die Tiere hätten Gott ebenso zum Vater wie die Menschen, daher dürfe man sie nicht unterdrücken, quälen oder töten.[114]

Die ebenfalls von Jakob Böhme beeinflusste christliche Mystikerin Jane Lead (1623–1704) glaubt an ein baldiges Anbrechen des in der Bibel verheißenen Friedensjahrtausends und gründet 1670 die überkonfessionelle „Philadelphian Society". Einige Jahrzehnte später gibt der Londoner Arzt George Cheyne (1671–1743), Mitglied dieser Society und gleichfalls Böhme-Anhänger, den entscheidenden Impuls für die englische vegetarische Bewegung: Der Leib sei ein Ort der Leidenschaften, seine mangelnde Kontrolle gefährde daher die Gesellschaft. Aus diesem Grund sei der Vegetarismus besonders für die geistig arbeitende Oberschicht sehr geeignet. Es brauche eine neue Diätetik: Fettleibigkeit und Depression seien Degenerationsmerkmale der Überflussgesellschaft, man solle zur natürlichen Einfachheit der Mönche und Soldaten zurückkehren. Die Bücher Cheynes erfahren unzählige Auflagen. Auf Grund der primären Verbreitung seiner Ideen über Bücher bleibt das vegetarische Leben in dieser Phase jedoch ein Phänomen der Ober- und Mittelschicht.

Eine neue Zielgruppe erreicht der stark calvinistisch inspirierte englische Vegetarismus 1809, als William Cowherd (1763–1816) in Salford bei Manchester die Biblical Church gründet.[115] Ein Großteil der Mitglieder seiner Pfarrei sind arme Heimarbeiter der Textilbranche. Sie haben den Anbau der traditionellen Feldfrüchte verlassen, um Weißbrot als Zeichen ihres neuen Wohlstands zu essen. Doch der Weizenpreis steigt von 1793 bis 1819 stark an, so dass Hunger und Elend vieler Arbeiterfamilien die Folge sind. Cowherd entwickelt angesichts dieser Herausforderung parallel zu sozialethisch-politischen Forderungen von Demokratisierung, Gehaltserhöhung, Bildung und Gesundheitsfürsorge für alle eine individualethische Ernährungspädagogik der Armen. Deren Kernelement ist ein vegetarischer Lebensstil. Cowherds Werben für vegetarische Ernährung ermöglicht der höheren ArbeiterInnenklasse und den MittelschichtbürgerInnen einen Ansehensgewinn, da sie sich kein teures Fleisch mehr leisten brauchen. Die aus dem Biblical Church Movement 1847 hervorgehende Vegetarian Society findet daher besonders in den nördlichen Industrieregionen Liverpool und Manchester zahlreiche Mitglieder. Wenig später gründet eine nach Philadelphia in den USA emigrierte Gruppe der Biblical Church 1850 die US-amerikanische Vegetarian Society.[116] Der angelsächsische Vegetarismus verbindet also von einem seiner Ursprünge her calvinistische Askese mit Aufstiegsperspektiven für niedrige soziale Schichten.

Wie schnell eine Emanzipationsbewegung in erneute Ausbeutung umkippen kann, zeigt die Entwicklung in den 1850er Jahren, als der Utilitarismus die Ideen der Vegetarian Society aufgreift.[117] Er stellt die Verbindung zu den Ideen bürgerlicher, religiöser und ökonomischer Freiheit her und macht den Vegetarismus zum effizienten Mittel des Wirtschaftsliberalismus und Kapitalismus: Vegetarische Ernährung ist schlichtweg billiger, ermöglicht also aus Arbeitgeberperspektive die Zahlung geringerer Gehälter. Daher propagieren führende Utilitaristen eine Idealisierung des Industriearbeiters als klug und engagiert, selbstbeherrscht, charakterstark, entschlossen, im Unterschied zum dummen und trägen Bauern, der sich mit Fleisch und anderen Speisen den Magen fülle. Vegetarismus wird zum Mittel der Gewinnung effizienter und billiger Arbeiter – eine fragwürdige Weise der Laisierung und Säkularisierung des Vegetarismus, die in den 1860er Jahren allmählich wieder verblasst.

Seit dieser Zeit sind nicht mehr die Arbeiterzentren Mittelenglands, sondern ist London das Zentrum des Vegetarismus.[118] Die Londoner Vegetarian Society hat im Jahr 1870 nur 125 Mitglieder, im Jahr 1880 bereits 2070 und im Jahr 1890 rund 5000 plus 5000 assoziierte Mitglieder, die Fisch essen. Ihr Aufstieg geht bis zum Ersten Weltkrieg unaufhaltsam weiter. Die zentralen Argumente dieser

Jahrzehnte rekurrieren auf den Tierschutz (Schlachttiere würden während der Tiertransporte krank, Tierzüchter seien Räuber der Lebensmittel und Ausbeuter der Tiere) und die Kritik an freien Weltmärkten (Plädoyer für die Rückkehr zur Regionalität).

Für die Entwicklung in *Deutschland* sind die Impulse von Jean Jacques Rousseau (1712–1778) entscheidend, der in seinem Werk „Über Ursprung und Grundlagen der Ungleichheit" eine naturphilosophische Begründung des Vegetarismus gibt. Besonders zwei morphologische Merkmale unterschieden Fleisch- und Pflanzenfresser: Gebiss und Verdauungsapparat. Der Mensch habe beide eher wie die Pflanzenfresser. Schließlich könne ein drittes Merkmal herangezogen werden: Die Zahl der Jungen sei bei Pflanzenfressern auf maximal zwei pro Wurf begrenzt, bei Fleischfressern liege sie meist höher. Der Mensch sei also von Natur aus ein Pflanzenfresser.

Rousseaus starker Rekurs auf die Natur und sein Plädoyer für ein „retour à la nature" sorgen in Deutschland im 19. Jahrhundert für die Entwicklung einer mehrdimensionalen Naturbewegung:[119] Naturheilkunde (Wissenschaft), Naturheilbewegung (Gruppen) und Naturheilverfahren (Praxis) sind die tragenden Säulen dieses Prozesses. 1884 gibt es 15 Vegetarier-Vereine in Großbritannien, 2 in Frankreich, 3 in Österreich-Ungarn und immerhin 11 in Deutschland. Neben England ist Deutschland zum Kernland des Vegetarismus geworden, allerdings mit einem völlig anderen ideologischen Setting. Kerngedanke des deutschen Vegetarismus ist die Rousseau'sche Verfallstheorie: Industrialisierung und Verstädterung entfremdeten die Menschen von der Natur, zu der man zurückkehren müsse. Ursprünglich sei der Mensch Vegetarier gewesen, das Tier habe Würde besessen, Fleischverzehr sei als Völlerei und Tiermord als widernatürlich gebrandmarkt gewesen. Wie die englische Bewegung erfüllt auch die deutschen VegetarierInnen, zu deren leitenden Persönlichkeiten ebenfalls etliche evangelische Pfarrer gehören, ein starkes Erwählungs- und Missionsbewusstsein, das in den mit „Naturheil-" beginnenden Begriffen deutlich aufscheint. Die Mitglieder der Bewegung stammen aus der bürgerlichen Mitte der Städte, aber kaum aus Süddeutschland. Ihr Hauptziel ist Gesundheit („Heil"), die sie v. a. mit eigenem Obst- und Gartenbau erreichen wollen. Die vegetarische Kolonie mit dem biblischen Namen „Eden" in Oranienburg in der Mark Brandenburg wird zum Flaggschiff dieser insgesamt konservativen Alternativbewegung.

1.6 Der Anspruch des Vegetarismus und seine Begründung

Was bringt der Durchgang durch die Geschichte des Vegetarismus an wesentlichen, für eine ethische Bewertung relevanten Einsichten? Zunächst einmal kann nach dem *Verbindlichkeitsanspruch* gefragt werden, den die verschiedenen VegetarierInnen gestellt haben: Wen sehen sie verpflichtet, vegetarisch zu leben? Vier verschiedene Antworten werden auf diese Frage gegeben:
- Alle sollen den Fleischverzehr auf das absolut notwendige Maß beschränken, müssen aber nicht strikt vegetarisch leben: Das ist die Aussage von Plutarch.
- Alle sollen vegetarisch leben, solange es nicht notwendig ist, Fleisch zu verzehren, wie in Kriegs- oder Notzeiten: So fordern es Porphyrios und die Katharer.

- Die Forderung vegetarischer Ernährung gilt nur für eine kleine, im besten Sinne elitäre Minderheit der Gesellschaft: So sehen es der Jainismus, Pythagoras und das frühchristliche Mönchtum.
- Die Forderung vegetarischer Ernährung gilt vorrangig für eine bestimmte soziale Schicht: Das ist die Kernidee des englischen Vegetarismus der Neuzeit, wobei manche seiner VertreterInnen eher die Oberschicht, andere eher die Arbeiterklasse als Zielgruppe haben.

Bis auf Porphyrios und die Katharer gibt es also in zweieinhalb Jahrtausenden Vegetarismusgeschichte niemanden, der diese Ernährungsweise als verbindlich für alle durchsetzen möchte. Deswegen und nur deswegen kann die vegetarische oder vegane Ernährung zu einem *Identitätsmerkmal* für eine bestimmte gesellschaftliche Gruppe oder Schicht werden:
- Für eine religiöse Gruppe wie den Jainismus oder das christliche Mönchtum.
- Für eine Philosophenschule wie die Kommunität der Pythagoräer oder der (Neu-)Platoniker.
- Für die aristokratische Oberschicht, wie es George Cheyne und die Londoner Vegetarian Society beabsichtigen.
- Für die bürgerliche Mittelschicht wie in der deutschen Naturheilbewegung.
- Für die Arbeiterklasse, wie es sich William Cowherd vorstellt.

Was aber sind die Kernargumente, die für das vegetarische Leben vorgebracht werden? Ihre Zahl ist relativ überschaubar, und die meisten tauchen immer wieder auf. Dabei kann man biozentrische Argumente, bei

denen direkt auf die Tiere geschaut wird, von anthropozentrischen Argumenten unterscheiden, die vor allem auf den Menschen und sein Wohlergehen zielen. *Biozentrische Argumente* sind:
- Tiere haben eine „Seele", sind eigenständige Subjekte, die ihr Leben leben, und in dieser Hinsicht (!) dem Menschen gleich: Das betonen Pythagoras, Platon und Plutarch.
- Es gibt eine Seelenwanderung vom Mensch zum Tier und umgekehrt, so dass in einem Tier die Seele eines früher lebenden Menschen stecken kann: Das ist ein Argument für den Buddhismus, Pythagoras, Platon und eingeschränkt auch für Plutarch.
- Tiere sind Mitgeschöpfe des Menschen, vom selben Gott erschaffen, und in dieser Hinsicht (!) dem Menschen gleich: Das inspiriert das christliche Mönchtum und Thomas Tryon.
- Tiere haben Vernunft, wenn auch weniger ausgeprägt als der Mensch, und sind in dieser Hinsicht (!) dem Menschen gleich: Das sieht einzig Porphyrios, der in seiner Überzeugung durch die modernen Naturwissenschaften starken Rückhalt bekommt.
- Tiere können leiden, und ihr Leid gilt es zu minimieren: Das betonen v.a. der Buddhismus und Plutarch.
- Der Mensch ist zu Barmherzigkeit und Mitleid gegenüber den Tieren verpflichtet: Dieses Argument, das dem vorangehenden sehr nahesteht, führen die Pythagoräer, Porphyrios und Leonardo da Vinci ins Feld.
- Tiere sind AdressatInnen der Gerechtigkeit, d.h., der Mensch ist verpflichtet, sie gerecht zu behandeln, und das schließt ein, die Gewalt gegen Tiere auf das notwen-

dige Minimum zu begrenzen: Diese ungemein weitblickende Forderung stellen explizit nur Plutarch und die Londoner Vegetarian Society.
- Für den Umgang mit Lebewesen gilt das Prinzip der Gewaltlosigkeit: Diese Begründung, die ähnlich wie die nachfolgende visionären, utopischen Charakter hat, vertritt in letzter Konsequenz nur der Jainismus, abgemildert heute auch manche Strömung des Buddhismus – man denke an Mahatma Gandhi.
- Vegetarismus ist ein Merkmal des umfassenden Friedens zwischen Mensch und Tier, wie er im Paradies herrschte, sowie der „Vollkommenheit" und des Lebens der Engel im Himmel: So ist es ein Kernimpuls vom frühchristlichen Mönchtum und Hieronymus bis zu den Athosmönchen heute.

Neben diese biozentrischen Argumente treten bei vielen VegetarierInnen in der abendländischen Geschichte auch *anthropozentrische Argumente*: Vegetarismus fördert die
- Gesundheit: Dieser Gedanke beseelt die Pythagoräer, Plutarch, Luigi Cornaro, Leonard Lessius und George Cheyne.
- Entfaltung moralischer Tugenden wie der Maßhaltung: Das betonen Plutarch, Porphyrios, Thomas Tryon und George Cheyne.
- spirituelle Offenheit und Sensibilität: So sagen es die Pythagoräer, Plutarch, Porphyrios und Thomas Tryon.
- Reinheit des Herzens und mindert die sexuelle Erregung: Das ist eine wichtige These des frühchristlichen Mönchtums, aber auch von Gruppen, die die offizielle Kirche genau wegen der Verabsolutierung dieser These ablehnt wie Gnostiker und Katharer.

– Regionalisierung der Märkte: So ist es das einzige politisch motivierte Argument der Londoner Vegetarian Society.

Letztlich kann man aus christlicher Perspektive alle genannten Argumente übernehmen, mit zwei Ausnahmen: Das Argument der Seelenwanderung steht dem christlichen Glauben an die Einzigartigkeit und Einmaligkeit jedes Lebewesens diametral entgegen. Außerdem hatten wir bereits gesehen, dass der Glaube an eine Seelenwanderung dem Tierschutz wenig dient. Denn einerseits ist der Tod nichts Endgültiges, wenn jede Seele ohnehin wiedergeboren wird. Die Tötung von Tieren wie von Menschen ist dann bei weitem nicht so schlimm. Andererseits kann das Argument kaum entkräftet werden, dass die Tiertötung es der Seele schneller erlaube, wieder in einem Menschen geboren zu werden, und das wäre (nach buddhistischer, aber auch nach platonischer Lehre) wertvoller.

Das zweite Argument widerspricht zumindest einer modernen christlichen Sicht des Leibes und der Sexualität: Auf Fleischverzehr zu verzichten, weil dieser die sexuelle Erregung fördert, könnte man bestenfalls zölibatär lebenden Menschen raten – wenn das Argument überhaupt empirischer Überprüfung standhält. Die Beispiele des frühchristlichen Mönchtums, der Gnostiker und Katharer mahnen uns jedenfalls, die Gefahr des sexuellen Puritanismus und einer zerstörerischen Leibfeindlichkeit abzuwehren. Auch in säkularen VegetarierInnenkreisen erlebe ich mitunter Menschen, die dieser Gefahr erliegen.

Wenn man von diesen beiden Argumenten absieht, ergibt sich ein gutes Spektrum von Aspekten für die

Begründung der vegetarischen und analog auch der veganen Lebensweise. Freilich: In aller Regel sind es Argumente, die eine persönliche Option plausibel machen. Nur selten wurden sie dazu benutzt, alle Menschen auf vegetarische Ernährung zu verpflichten. Das sollten wir im Blick behalten, wenn wir nun eine moraltheologische Bewertung erarbeiten.

2. Vegetarismus und Veganismus in moraltheologischer Perspektive

Wie verhält sich das Christentum zum Fleischkonsum? Ist eine vegetarische oder gar vegane Ernährung christliche Pflicht? Ist sie umgekehrt vielleicht verwerflich, weil sie als eine alternative Heilslehre missverstanden werden kann? Oder gibt es eine völlige ethische Neutralität des christlichen Glaubens gegenüber Fleischverzehr und Fleischverzicht? Wir sind an dem Punkt angelangt, an dem wir die Leitfragen dieses Buchs beantworten können. Dabei beziehen wir gesundheitliche Aspekte in unsere Überlegungen ein, weil sie vielfach vorgebracht werden, werden aber die hauptsächliche Aufmerksamkeit auf die Gretchenfrage richten, die Vegetarismus und Veganismus stellen: Wie hält es das Christentum mit den Tieren, ihrer Nutzung, ihrer Tötung, ihrem Verzehr?

2.1 Gesundheitsdebatten sind von gestern

Wenn jemand kritisch auf vegetarische oder vegane Ernährung reagiert, lautet sein erster Einwand fast immer: „Das ist doch nicht gesund!" In den letzten Jahrzehnten hat die

Sorge der Menschen um ihren eigenen Leib und um die Gesundheit einen Stellenwert erlangt, den früher die Religion hatte. Gesundheit gilt als höchstes Gut. „Gesundheit ist nicht alles, aber ohne Gesundheit ist alles nichts" – so das selten hinterfragte Dogma der Moderne. Manche sprechen angesichts dessen wie Manfred Lütz von der „Gesundheitsreligion" und vom „Gesundheitswahn". In diesem Horizont einer verabsolutierten Gesundheitsideologie ist klar: Könnte man beweisen, dass Vegetarismus und Veganismus ungesund sind, wären sie automatisch diskreditiert.

Die Frage, ob vegetarische oder vegane Ernährung gesund ist, lässt sich einerseits rein theoretisch am grünen Tisch stellen, andererseits aber mit der Realität beantworten: Leben die Menschen, die sich für eine vegetarische oder vegane Ernährung entschieden haben, faktisch gesünder oder ungesünder als jene, die Fleisch essen? Mir scheint diese zweite, realitätsbezogene Fragestellung ergiebiger und sinnvoller als die erste, rein theoretische. Denn sie schaut auf Vegetarismus und Veganismus als Lebensstil, nicht nur als Ernährungstechnik.

Gegenwärtig gelten im deutschsprachigen Raum die Forschungen des Gießener Ernährungswissenschaftlers Claus Leitzmann als Maßstab. Leitzmann untersucht die faktische Gesundheit von VegetarierInnen und VeganerInnen zunächst aus der Perspektive der *Ernährungsphysiologie*:[120] Nehmen die Menschen eine geeignete Menge an Nahrungsenergie, Nährstoffen und Ballaststoffen auf? Maßstab sind dabei die Empfehlungen der deutschen Gesellschaft für Ernährung (DGE).

Die *Nahrungsenergieversorgung* liegt bei VegetarierInnen dem Idealwert am nächsten. FleischesserInnen nehmen meist zu viel Nahrungsenergie auf, VeganerInnen eher zu wenig. Besonders in bestimmten Lebensphasen wie den Wachstumsphasen von Kindern und Jugendlichen sowie während einer Schwangerschaft laufen vegan lebende Menschen Gefahr, zu wenig Nahrungsenergie aufzunehmen. In diesen Lebensphasen ist vegane Ernährung daher nur bei guter Kenntnis anzuraten.[121]

Die *Nährstoffversorgung* umfasst eine Reihe von Aspekten:
- Proteine: Hier liegen wiederum VegetarierInnen dem Idealwert am nächsten. FleischesserInnen nehmen meist zu viel Eiweiß auf, VeganerInnen eher zu wenig, weswegen sie die Eiweißzufuhr aufmerksam beobachten sollten.
- Kohlehydrate: VegetarierInnen nehmen mehr Kohlehydrate auf als FleischesserInnen, aber gemessen am Maßstab der DGE nicht genug. Hier liegen beide Gruppen unter der empfohlenen Menge.
- Fett: VeganerInnen nehmen etwas zu wenig oder die optimale Menge Fett zu sich, VegetarierInnen die optimale Menge oder etwas zu viel. FleischesserInnen hingegen nehmen deutlich zu viel Fett zu sich.
- Vitamine: Die aufgenommene Menge der meisten Vitamine liegt bei VegetarierInnen und VeganerInnen näher am Zielwert als bei FleischesserInnen. VeganerInnen nehmen allerdings oft zu wenig Vitamin D, B2 und B12 auf. Auf diese müssen sie besonders achten und ggf. Nahrungsergänzungsmittel nehmen.
- Mineralstoffe: Die Zufuhr von Mineralstoffen ist bei VegetarierInnen vielfach günstiger als bei FleischesserInnen. VeganerInnen nehmen aber mitunter zu wenig Eisen, Calcium, Jod und Zink auf. Darauf müssen sie gut achten.

Bei der *Versorgung mit Ballaststoffen* trifft keine Gruppe die ideale Menge: FleischesserInnen liegen deutlich unter dem empfohlenen DGE-Wert, VegetarierInnen deutlich darüber und VeganerInnen sogar weit darüber.

Insgesamt liegen die VegetarierInnen also am nächsten an den empfohlenen Mengen der DGE. FleischesserInnen und VeganerInnen haben, wenn man die empirischen Durchschnittswerte nimmt, manche Defizite. Dementsprechend leiden VegetarierInnen an etlichen Krankheiten signifikant seltener, namentlich an Übergewicht, Bluthochdruck, Diabetes mellitus, Gicht, Osteoporose, Magen- und Darmkrebs.[122] In dieser Liste befinden sich viele der sogenannten Volkskrankheiten. Wenn vegetarische Ernährung das Erkrankungsrisiko bei diesen verringert, ist das ein starkes Argument.

Die von Leitzmann zugrunde gelegten Zahlen sind wohlgemerkt Durchschnittswerte. Prinzipiell ist mit allen drei Ernährungsweisen eine gesunde und ausgewogene Ernährung möglich. Debatten nach dem Motto „Vegetarismus ist ungesund" sind daher von vorgestern. Aber auch die Gegendebatte à la „Fleischverzehr ist ungesund" stimmt in dieser Pauschalität nicht. Der Gesundheitswert einer Lebensweise hängt von vielen Faktoren ab. Darunter fällt auch, dass VegetarierInnen seltener Suchtmittel konsumieren, sich mehr bewegen und häufiger Meditation (Yoga, autogenes Training oder anderes) praktizieren als FleischesserInnen.[123] Wer sich über eine gesunde Lebensweise Gedanken machen will, tut gut daran, mehr als nur den Fleischverzehr zu messen.

Schließlich möchte ich als Theologe daran erinnern: Jede quasireligiöse Überhöhung der Gesundheit und spiegelbildlich jede pauschale Pathologisierung unerwünschter Verhaltensweisen geht in die Irre. Am Beginn des 20. Jahrhunderts diskutierte man die gesundheitsschädlichen Wirkungen der Selbstbefriedigung. Wir sollten am Beginn des 21. Jahrhunderts nicht in dieselbe Falle tappen, wenn wir über Ernährung diskutieren. Es gibt bessere und stichhaltigere Argumente für und gegen den Konsum von tierischen Lebensmitteln als die Gesundheit.

2.2 Der Mensch ist dennoch ein Mischkostesser

Nicht nur von „missionarischen FleischesserInnen" werden mitunter unsachgemäße Argumente in die Diskussion geworfen. Auch VegetarierInnen und VeganerInnen sind vor diesem Fehler nicht gefeit. So taucht da und dort immer noch das Argument auf, evolutionsgeschichtlich sei der Mensch ursprünglich ein Vegetarier gewesen, es sei also nicht seiner Natur gemäß, Fleisch zu essen, und folglich ungesund. Von der Evolution des Menschen war bereits die Rede, das Gesagte braucht hier nicht wiederholt werden. Wichtiger scheint mir die Frage, ob die heutige Konstitution des Menschen sich durch 10 000 Jahre Ackerbaukultur womöglich so verändert hat, dass sie für den Fleischverzehr nicht mehr geeignet ist. Diese Frage lässt sich v. a. an drei Merkmalen des menschlichen Körpers ablesen: am Verdauungstrakt, am Gebiss und an der Fähigkeit zur Synthese von Vitamin C.

Zum ersten Merkmal stellt Claus Leitzmann nüchtern fest: „Die Proportionen zwischen Magen, Dünn- und Dickdarm sowie die Größe der einzelnen Verdauungsabschnitte erlauben beispielsweise Rückschlüsse auf eine gemischte, aber überwiegend pflanzliche Kost."[124] Während bei reinen Fleischfressern der größte Teil des Verdauungstrakts der Magen sei und nicht wiederkäuende Pflanzenfresser einen besonders großen Blind- und Dickdarm besäßen, seien die Proportionen der einzelnen Abschnitte des menschlichen Verdauungstraktes nicht so eindeutig in die eine oder andere Richtung festgelegt.

Schaut man auf das zweite Merkmal, das Gebiss, wird deutlich: Reißzähne fehlen dem Menschen, und die Mahlzähne sind breit. Das Gebiss ist also darauf angelegt, dass der Mensch viel kaut und seine Nahrung nicht wie ein Raubtier hinunterschlingt. Denn er hat stärkeabbauende Enzyme im Speichel wie die Pflanzenfresser. Ein Teil der Verdauung seiner Nahrung geschieht also bereits im Mund.

Das dritte Merkmal betrifft die menschliche Unfähigkeit zur Synthese von Vitamin C. Diese Unfähigkeit besitzen alle Pflanzenfresser, da sie das Vitamin in Pflanzen aufnehmen und nicht synthetisieren brauchen.

Vom ersten der drei Merkmale her ist der Mensch in seiner momentanen körperlichen Ausstattung also ein Mischkostesser, vom zweiten und dritten Merkmal her schon ein reiner Pflanzenesser. Die genetische Anpassung an die Ernährung vom Acker und vom Milchvieh, die seit 10 000 Jahren vorangetrieben wird, ist aber noch nicht vollständig vollzogen: Ein beträchtlicher Teil der erwachsenen Menschen, vornehmlich in Asien und Afrika, leidet unter Laktose-Intoleranz, kann also keine Milch verdauen, und eine deutlich kleinere, aber nicht zu übersehende Gruppe von Menschen (etwa 0,3 %) unter Gluten-Unverträglichkeit, kann also kein Getreide verdauen.[125] Von seiner Ausstattung her ist der Mensch also noch auf dem Weg vom Mischkostesser zum reinen Pflanzenesser.

Der Verweis auf die Natur gibt folglich keine eindeutige Antwort auf die Frage, ob wir Fleisch essen sollen oder nicht. „Zusammenfassend kann eine überwiegend pflanzliche Ernährung als artgerechte Ernährung des Menschen bezeichnet werden."[126]

2.3 Das tierethische Anliegen ist dringend

Schaut man primär auf den Menschen, benutzt man also anthropozentrische Argumente, kommt man zu keinem klaren Urteil über Vegetarismus, Veganismus und Fleischverzehr. Gesundheit und körperliche Ausstattung des Menschen sind Randaspekte unseres Themas. Zum Kern kommen wir erst, wenn wir auf die schauen, um die es eigentlich geht: die Tiere.

Die Tierhaltung der modernen Landwirtschaft ist in den letzten zwei Jahrhunderten immer stärker von zwei Herangehensweisen geprägt: vom technischen Denken und von seinem Drang, alles zu tun, was nur machbar ist, und vom ökonomischen Denken, das mit möglichst geringem Aufwand möglichst viel Ertrag zu erzielen versucht. Demgegenüber sind ethische Fragen weit in den Hintergrund getreten. Das Tierwohl spielt allen Beteuerungen zum Trotz kaum eine Rolle. In anderem Rahmen habe ich das ausführlich dargestellt und mit konkreten Beispielen unterlegt.[127] Hier möchte ich nur stichwortartig zusammenfassen:

– Unsere Haltungsformen sind weitgehend auf *Kostenminimierung* ausgelegt: Der den Tieren zur Verfügung gestellte Platz ist so gering wie möglich, die Umgebung im Stall so ausgelegt, dass sie den Arbeitsaufwand des Tierhalters minimiert. Das erfordert gegebenenfalls sogar Eingriffe in die körperliche Integrität der Tiere: Rinder werden enthornt, Schweinen der Schwanz kupiert, Hühnern der Schnabel gekürzt – einzig aus dem Grund, dass sie sich sonst auf Grund der beengten Verhältnisse gegenseitig verletzen würden. Die gegenwärtig gesetzlich vorgesehenen Haltungsformen folgen überwiegend dem Grundsatz, die Nutztiere dem jeweiligen Haltungssystem anzupassen, aber kaum das System den Tieren und ihrer natürlichen Beschaffenheit.

– Zugleich ist unsere Haltung der Tiere weitgehend auf *Leistungsmaximierung* ausgelegt: Zuchtlinien konzentrieren sich jeweils auf das gewünschte Leistungsmerkmal, ob das die Milchleistung der Kühe, die Legeleistung von Hühnern oder die Fleischleistung von Rind, Schwein und Hähnchen ist. Das führt im Extremfall sogar dazu, dass man die Hälfte des Nachwuchses sofort nach der Geburt aussondert und tötet, wie es bei männlichen Küken aus Zuchtlinien für Legehennen geschieht, die vergast oder geschreddert werden. – Das zweite Mittel der Leistungsmaximierung ist eine auf Leistung optimierte „Fütterung" der Tiere – mit nicht immer gut verdaulichem Hochleistungsfutter und in großem Stil mit Hormonen (was in der Europäischen Union seit 1988 verboten, aber in anderen Industrieländern gang und gäbe ist) und Antibiotika (was in der Europäischen Union seit 2006 verboten ist, aber offenkundig noch zahlreich praktiziert wird). Die Tiere sollen so schnell wie möglich schlachtreif werden, denn Zeit ist Geld. Daher beträgt die Lebensdauer der Nutztiere heute nur einen Bruchteil dessen, was natürlich wäre.

– Der ökonomische Effizienzgedanke treibt auch die technische Entwicklung der modernen *Schlachthöfe*: Die ersten Fließbänder der Welt standen 1860 in den Schlachthöfen von Chicago. Nicht die Produktion von Dingen hat die Erfindung des Fließbands veranlasst, sondern die Tötung von Tieren. Immer schneller sollen immer mehr Tiere geschlachtet werden – von immer schlechter ausgebildetem und immer schlechter bezahltem Personal.

Gerechtigkeit würde bedeuten, ökonomische, ökologische und soziale Faktoren der Tierhaltung in die Balance zu bringen:
– ökonomische Faktoren wie die Wirtschaftlichkeit der Tierhaltung und der Landwirtschaft insgesamt, aber auch wie die finanziellen Möglichkeiten einer Gesellschaft, Geld für ihre Ernährung auszugeben.
– ökologische Faktoren wie einen sparsamen Energieverbrauch, die sorgsame Erhaltung von Boden, Luft und Wasser durch geringstmögliche Emissionen aus der Tierhaltung, den Verzicht auf die Rodung der Regenwälder und vieles mehr.
– soziale Faktoren wie das Wohlergehen der Menschen, die mit Tieren arbeiten, und das Wohlergehen der Tiere.

Momentan findet ein Ausbalancieren dieser Faktoren – allen Beteuerungen der Präambeln einschlägiger EU-Richtlinien zum Trotz – nicht einmal im Ansatz statt. Vielmehr dominiert ein Aspekt die beiden anderen: der ökonomische. Und das heißt ethisch gesehen: Der allergrößte Teil der modernen Tierhaltung ist eine schreiende Ungerechtigkeit und sowohl des Menschen als auch der Tiere unwürdig!

2.4 Tiere verdienen Gerechtigkeit

Warum aber verdienen Tiere überhaupt eine gerechte Behandlung? Aus welchem Grund sind wir verpflichtet, fair mit ihnen umzugehen? Warum sind sie AdressatInnen der Gerechtigkeit? Diese Frage haben wir noch gar nicht behandelt, sie ist aber eine unerlässliche Grundlage der ethischen Beurteilung. *Philosophisch* kann dazu Folgendes gesagt werden:[128] Jedes Lebewesen

- hat ein ihm eigenes Gut: die Entfaltung seiner Lebensmöglichkeiten.
- ist Subjekt von Zwecken, die es selbst setzt und die seine Zwecke sind.
- verhält sich zu seinen Zwecken und strebt danach, sie zu realisieren.
- besitzt eine „subjektive Unmittelbarkeit". Es erlebt und „genießt" Dinge seiner Umwelt im Hier und Jetzt.
- ist einzigartig und unersetzbar.

Diese Argumente sind als „naturphilosophisch" oder „naturrechtlich" zu betrachten. Denn sie rekurrieren allesamt auf die den Lebewesen gemeinsame „Natur". Zwecke zu haben und zu setzen, zu verfolgen und zu verwirklichen, zu erleben und zu bewerten sind existenzielle Grundvollzüge der Lebewesen, die zu ihrer „Natur" gehören. Deswegen sind nicht nur Tiere mit besonders großer Intelligenz Subjekte, sondern alle Tiere, ja alle Lebewesen einschließlich der Pflanzen. Und die Anerkennung ihrer Subjekthaftigkeit macht sie zu TrägerInnen von Würde. Der Mensch ist verpflichtet, sie als eigenständige Lebewesen zu achten. Tiere und Pflanzen gehen nicht darin auf, nur für den Menschen da zu sein. Sie haben ein Eigenleben.

Die philosophischen Argumente garantieren eine hinreichende Begründung für die Zuschreibung einer geschöpflichen Würde an alle Lebewesen. Die *theologische Ethik* greift diese Einsichten auf und versucht sie zu vertiefen. Dies tut sie mit Blick auf die geschöpfliche Würde in folgenden Überlegungen: Jedes Lebewesen hat
- die Möglichkeit, sich selbst und seine engen Grenzen zu überschreiten – auf den Gott hin, der es zu dieser Selbstüberschreitung gerufen hat.
- die Möglichkeit, durch seinen Existenzvollzug Gott zu preisen und zu verherrlichen.
- einen unmittelbaren Gottesbezug: Es ist von Gott gut erschaffen, für gut befunden und in die Erlösung einbezogen worden. „Jedes Geschöpf ist also Gegenstand der Zärtlichkeit des Vaters, der ihm einen Platz in der Welt zuweist. Sogar das vergängliche Leben des unbedeutendsten Wesens ist Objekt seiner Liebe, und in diesen wenigen Sekunden seiner Existenz umgibt er es mit seinem Wohlwollen."[129] Auf diese Weise wohnt Gott selbst in jedem Geschöpf und offenbart sich durch dieses der Welt.
- einen unmittelbaren Bezug zum inkarnierten Christus, denn Christus ist „Fleisch" geworden, und das heißt: Er ist Geschöpf geworden. Die deutsche Übersetzung des Fachbegriffs „Inkarnation" mit „Menschwerdung" ist schlichtweg falsch, weil sie eine Reduzierung der Geschöpfe auf den Menschen impliziert. „Inkarnation" ist „Einfleischung", Geschöpfwerdung.
- einen unmittelbaren Bezug zum leidenden Christus, denn sein Leiden ist ein Leiden mit und für die gesamte Schöpfung.

– eine Hoffnung auf Erlösung, denn wenn Christus in seiner Fleischwerdung das Geschöpfsein angenommen hat, ist jedes Geschöpf erlöst – ganz nach dem klassischen Glaubenssatz „Aalles, was (von Gott) angenommen ist, ist auch erlöst".

Individuen, denen wir Würde zusprechen, sind AdressatInnen der Gerechtigkeit: Sie müssen gerecht behandelt werden. Genau das fordert die Bibel, indem sie die Tiere in den Schöpfungsbund Gottes mit Noach einschließt. Dieser Bund gilt nicht nur Noach und seinen Nachkommen, sondern allen Lebewesen der Erde (Gen 9,9 f; vgl. Hos 2,20 f). Gott, Mensch und Tier sind BundesgenossInnen. Alle Beteiligten schulden den jeweils anderen gerechte Behandlung.

Papst Franziskus spricht in seiner Enzyklika Laudato si' davon, dass „sämtliche Geschöpfe des Universums, da sie von ein und demselben Vater erschaffen wurden, durch unsichtbare Bande verbunden sind und ... alle miteinander eine Art universale Familie bilden ..." Diese Familie umschließt alle lebenden Arten und Individuen: „Wenn ... das Herz wirklich offen ist für eine universale Gemeinschaft, dann ist nichts und niemand aus dieser Geschwisterlichkeit ausgeschlossen."[130] Wenden wir diesen Gedanken ethisch, ist evident: Zwischen Geschwistern muss Gerechtigkeit herrschen.

2.5 Das Leben ist aber voller Kompromisse

Gerechtigkeit ist allerdings ein Zustand, der die Notwendigkeit des Eingehens von Kompromissen akzeptiert. Entscheidend für gerechte Kompromisse ist es, dass die Lasten entsprechend den Möglichkeiten und Bedürfnissen verteilt werden: Die Starken müssen mehr Lasten tragen, die Schwachen weniger. Die sehr Bedürftigen sollen mehr Hilfe bekommen, die weniger Bedürftigen brauchen das nicht. Aber niemand kommt ganz um unbequeme Forderungen herum. John Rawls, der große Gerechtigkeitstheoretiker des 20. Jahrhunderts, zählt es zu den zentralen „Anwendungsverhältnissen der Gerechtigkeit", dass Knappheitsverhältnisse herrschen und Konkurrenzsituationen vorhanden sind.[131] Die Ressourcen der Erde sind endlich, und alle Lebewesen konkurrieren um diese Ressourcen. Gerade deswegen braucht es Gerechtigkeit, „die Tugend des Verhaltens angesichts konkurrierender Interessen".[132] Andersherum gesagt: Im Paradies braucht es keine Gerechtigkeit mehr, denn jeder kann im Überfluss haben, was er möchte.

Auf den ersten Blick mag es scheinen, dass insbesondere VeganerInnen in puncto Ernährung und Bekleidung jegliche Kompromisse ausschließen. Aus ihrer Sicht machen selbst VegetarierInnen zu viele Kompromisse, erst recht natürlich FleischesserInnen, und das halten sie nicht für verantwortbar. Aber ein genauer Blick zeigt schnell, dass auch vegane Ernährung ziemlich kompromissbeladen ist – selbst wenn man sie nur an den veganen Ansprüchen misst:

– Die vegane Mehrheit ist weit entfernt davon, ausschließlich Bioprodukte zu konsumieren. Sie nimmt also den massenhaften Einsatz von Spritzmitteln hin, die gezielt jene Tiere töten, die landwirtschaftlich gesehen „Schädlinge" darstellen, weil sie die Lebensmittelpflanzen ebenso schmackhaft und nahrhaft finden wie der Mensch. Ungünstigerweise haben viele dieser Spritzmittel keine vollkommene Zielgenauigkeit. Sie treffen auch „Nützlinge", die sich auf den gespritzten Pflanzen aufhalten. Die Fachsprache nennt das „Non-Target-Effects", etwas volkstümlicher könnte man von „Kollateralschäden" reden. Doch selbst der ökologische Landbau kommt um die Schädlingsbekämpfung nicht herum – mit schonenderen Mitteln zwar, aber doch mit demselben Ziel. Egal ob ökologisch oder konventionell, der Ackerbau tötet wissentlich und willentlich Tiere – er kann gar nicht anders.

– Sobald VeganerInnen in größerem Maß auf Sojaprodukte zugreifen, werden sie direkt oder indirekt deren Import aus Südamerika fördern. Dort befinden sich viele Anbauflächen für Soja in Gebieten, die noch vor wenigen Jahrzehnten von Regenwald bewachsen waren. Kein veganes Label kontrolliert das bisher. Im Regenwald aber lebten vor seiner Rodung unendlich viele Tiere – sie sind durch die Abholzungen gestorben.

– VeganerInnen verwenden häufig auch das Argument der Welternährung: Solange in den Industrieländern Unmengen an Fleisch verzehrt würden, müssten diese in großer Menge Futtermittel einführen und damit die zur Verfügung stehenden Anbauflächen für Lebensmittel reduzieren. Das stimmt. Doch eine vegane Ernährung trägt nur dann aktiv zur Ernährung der Hungernden bei, wenn sie Lebensmittel aus kleinbäuerlicher Produktion kauft. Die Kleinbauern sind der Schlüssel zur Welternährungsfrage, wie die UNCTAD, die UN-Konferenz für Handel und Entwicklung, eindrücklich herausstellt.[133] Gerade Soja stammt aber kaum aus kleinbäuerlicher Landwirtschaft, sondern aus riesigen Monokulturen großer Betriebe.

Die Kompromisse werden noch gravierender, wenn Lebensbereiche jenseits der Ernährung betrachtet werden. Konsequenter Tierschutz – das hatten wir am Beispiel des Jainismus gesehen – würde bedeuten, dass man nicht mehr über die Straße gehen kann, ohne ständig auf den Boden zu schauen und dort befindlichen Kleintieren auszuweichen. Eine Autofahrt im Sommer wäre gleichzusetzen mit der Missachtung tausender Insekten, die am Ende der Fahrt tot auf der Windschutzscheibe kleben. Und diese Liste ließe sich fortsetzen. Die Lebensweise der Jainas zeigt, zu welch dramatischen Einschränkungen ein konsequenter Gewaltverzicht gegenüber Tieren führt. Letztlich leben die Jainas von der Unterstützung durch Menschen, die jene Berufe ausüben, die sie selber nicht ausüben wollen, weil sie im unvermeidbaren Nebeneffekt Gewalt gegen Tiere anwenden müssten.

Die Soziologie hatte uns gezeigt, dass die Attraktivität des Veganismus v. a. darin liegt, eine einfache Lösung für komplexe Probleme zu präsentieren. Jetzt müssen wir ehrlicherweise eingestehen: Die Welt ist komplexer, als sie auf den ersten Blick scheint. Es gibt keine glatte Lösung für alle Probleme. Immer wird die Verfolgung ethisch hochstehender Ziele auch unerwünschte Nebeneffekte haben, und es gehört zur Ehrlichkeit, diese nicht kleinzureden oder zu leugnen.

Wohlgemerkt: Seine Kompromisshaftigkeit ist kein Argument gegen ein veganes Leben. Wohl aber ist sie ein Argument gegen einen Veganismus,
– der sich für moralisch haushoch überlegen hält und andere Lebensformen ohne Differenzierung von vornherein abqualifiziert oder

— der einen „Tunnelblick" entwickelt und sämtliche Konsumentscheidungen einzig und allein am Kriterium „vegan" misst – blind für jedes andere ethische Erfordernis jenseits der Tiernutzung.

Im Gegenzug steht es selbstverständlich auch FleischesserInnen gut an, den Fleischverzehr nicht zu verharmlosen und als ethisch belanglos abzutun. Wer Fleisch isst, macht sich verantwortlich für die Tötung eines Mitgeschöpfs – und ist daher gefordert, gut zu überlegen, unter welchen Bedingungen und in welchem Maße er das verantworten kann.

2.6 Die Nutzung von Tieren ist unverzichtbar

Noch grundsätzlicher gilt es freilich Folgendes zu bedenken: Wie alle Tiere lebt der Mensch – ob Vegetarier, Veganer oder nicht – von der Tötung anderer Lebewesen. Will der Mensch leben, ist er gezwungen, Gewalt gegen andere Lebewesen anzuwenden. „An einem späteren, aber durchaus bestimmten Punkt ist auch der Vegetarier rücksichtslos gegen das Leben, das ihn nähren soll ... Nur tot kann das andere Wesen den Menschen ernähren."[134] Oder etwas salopper formuliert: „Die Idee, dass es eine Ernährungsweise gibt, die niemandem schadet, ja, die den Tod völlig ausklammert und nur immer wieder neues Leben schafft, ist eine Illusion. Dies gilt selbst für eine vegane Ernährungsweise ... eine fruktarische Diät ... Die Nahrungskette ist nicht politisch korrekt. Sie folgt einer ebenso einfachen wie genialen Logik: Tod und Leben sind keine Widersprüche, sie ergänzen einander."[135] Der Mensch kann versuchen, mit einem Minimum an Gewalt gegenüber den Lebewesen auszukommen und diese ehrlich zu rechtfertigen. Er kann ihr aber nicht gänzlich ausweichen. Das spricht im Sinne der Übelminimierung für den Vegetarismus, aber nicht prinzipiell, sondern nur tendenziell. Zwischen vegetarischer und nichtvegetarischer Ernährung lässt sich nur ein relativer bzw. gradueller Unterschied machen.

Der springende Punkt einer ethischen Gesamtbetrachtung ist aber (immer!), dass die Betrachtung individueller Beziehungen zwischen Mensch und Mensch, Mensch und Tier, Tier und Tier ergänzt wird durch die Betrachtung der systemischen Wechselwirkungen. Handelnde und behandelte Individuen sind Teil eines größeren Ganzen. Die systemische Betrachtungsweise sieht Mensch und Nutztier als Teil der ökologischen und landwirtschaftlichen Kreisläufe und Wechselbeziehungen. Für unsere Frage der Tiernutzung und Tiertötung ist vor allem das Ökosystem in Betracht zu ziehen. Folgende Gesichtspunkte stechen heraus:

– Der *ökologische Landbau* kann keinen Acker ohne den natürlichen Dünger aus dem Mist seines Viehs bewirtschaften. Bisher gibt es kein erprobtes Konzept des ökologischen Landbaus, das ohne Tiernutzung auskommt. Denn eine *Kreislaufwirtschaft* braucht das Wechselspiel von Boden und Tieren: Die Tiere ernähren sich von dem, was auf den Böden des Ökohofs wächst, und ihr Mist dient als Düngemittel, das dem Boden die wesentlichen Stoffe wieder zurückgibt.

– Global betrachtet sind viele landwirtschaftlich nutzbare Flächen nicht zum Lebensmittelanbau für den Menschen, wohl aber zum Futtermittelanbau für das Vieh geeignet – man denke an Almen und Flächen in Steillage, an Feuchtwiesen und andere nicht beackerbare Böden. Einschlägigen Rechnungen zufolge sind nur 28 % aller weltweit landwirtschaftlich nutzbaren Flächen Ackerflächen und 3 % Dauerkulturen, während 69 % nur als *Weideflächen* nutzbar sind. Würde man diese unbewirtschaftet lassen, weil man jegliche Tierhaltung ablehnt, wäre ein erheblicher *Verlust an Nahrungsmitteln* für den menschlichen Verzehr die Folge. Tiere in extensiver Weidehaltung werden im Gegensatz zu Stalltieren der Intensivtierhaltung nicht mit Getreide und anderen Futtermitteln vom Acker gefüttert und reduzieren somit die Menge menschlicher Lebensmittel nicht.

– Die Nichtbewirtschaftung von Weiden würde auch einen enormen *Verlust an Biodiversität* verursachen. Denn extensiv genutzte Weideflächen und Mähwiesen tragen in höchstem Maße zur Vielfalt von Arten und Biotopen bei. Für Europa hat man in der Fauna-Flora-Habitat-Richtlinie 92/43/EWG im Jahr 1992 etwa 200 verschiedene erhaltenswerte Lebensraumtypen aufgelistet. Davon sind etwa 30 % nur durch extensive Tierhaltung erhaltbar, die zusammengerechnet die Hälfte aller Flächen ausmachen.[136] – Wohlgemerkt geht es bei allen Überlegungen zur Beweidung um extensive Formen. Die Düngung von Wiesen und Weiden mit Gülle und der nachfolgend häufigere Schnitt sind Maßnahmen, die zur Verarmung der Biodiversität führen. Sie gilt es zu reduzieren.

– Eine ganzjährige extensive Weidehaltung von Milchkühen ist zugleich *klimaverträglicher* als die Stallhaltung. Das ergab ein Forschungsprojekt des amerikanischen Landwirtschaftsministeriums an der Universität Pennsylvania.[137] Obwohl die Kühe auf der Weide nur 6000 Kilogramm Milch pro Jahr erzeugen, während es ihre Artgenossinnen in der Stallhaltung auf 10 000 Kilogramm bringen, sind die Emissionen der Treibhausgase Methan, Stickoxid und Kohlendioxid pro Kilogramm Milch in ganzjähriger Weidehaltung um 8 % niedriger als in intensiver Stallhaltung. Die Ammoniakemissionen pro Kilogramm Milch fallen sogar um 30 % geringer aus, der Kohlendioxid-Ausstoß ist um 6 % niedriger.

- Schließlich erhöht die extensive Weidehaltung auch die *Bodenfruchtbarkeit* – einen Schlüsselfaktor nachhaltiger Landwirtschaft. Während die Überweidung von Böden zur Bodenerosion führt, hat die Unterweidung kurzfristig die Verbuschung und langfristig die Bewaldung zur Folge. Doch „die weltweit fruchtbarsten Böden ... sind ehemalige Steppenböden"[138], also Böden, die lange Zeit extensiv beweidet wurden. Und daraus folgt in ökosystemischer Perspektive: „Gras braucht die Graser."[139] – Natürlich könnte man (gegen die vegane, aber im Sinne der vegetarischen Option) versuchen, diese Flächen ausschließlich für Milchvieh zu nutzen. Dann könnte man aber die männlichen Tiere, die es ja ebenfalls gibt, nicht mehr brauchen. Und da ist es womöglich doch besser, mittels Zweinutzungsrassen beide Geschlechter zu nutzen und nicht die eine Hälfte der Nachkommen gleich zu schlachten.

- Eine weitere ökosystemisch wichtige Komponente ist die *Jagd*. Jagdbare Tiere haben heute kaum noch natürliche Fressfeinde und vermehren sich selbst ohne menschliche Fütterung oft so stark, dass sie sogar in einer sehr naturnahen Forstwirtschaft die Baumbestände gefährden. Jagd reguliert die Tierbestände – wenn sie nur sachgerecht und waidgerecht ausgeübt wird. Natürlich, in der realen Praxis des Jagens liegt manches im Argen. Das ist aber kein prinzipielles Argument gegen die Jagd, sondern eher eines für eine reflektierte Jagdethik.[140]

– Schließlich ist auch an die *Fischerei* zu denken: Über 70 % der Erdoberfläche sind Wasser, der größte Teil davon Meere. Sie speichern einen Großteil der Sonnenenergie, die auf die Erde trifft. Diese Speicherung erfolgt aber (neben der thermischen Speicherung) vor allem in Tieren, nicht so sehr in Pflanzen wie auf der Landfläche. Zwar sind die Weltmeere derzeit hoffnungslos überfischt – aber können wir wirklich ganz ohne Fischfang auskommen, wenn wir die Menschheit ernähren wollen?

Beide Betrachtungsweisen, die tierethisch-individuelle wie die ökonomisch-ökologisch-systemische, verhindern in ihrer Verbindung wenigstens nach heutigem Kenntnis- und Möglichkeitsstand eine generelle Ablehnung der Tiernutzung und Tiertötung. Die konkrete Art und Weise unserer Tierwirtschaft stellen sie aber gewaltig in Frage. Denn der Großteil der Viehwirtschaft ist keine extensive Weidewirtschaft, der Großteil der Landwirtschaft kein Ökolandbau und der Großteil der Fischerei weit weg von nachhaltiger Nutzung.

2.7 Vegetarische und vegane Lebensweise sind dennoch wertvoll

Im Horizont der systemischen Betrachtungen, die wir eben angestellt haben, wäre es zumindest gegenwärtig ethisch nicht zu verantworten, dass alle Menschen vegan leben, und noch nicht einmal, dass alle Menschen ovo-lacto-vegetarisch leben. Ein vollständiger Verzicht auf das Essen von Tieren würde für die Ernährung der Menschheit unlösbare Probleme aufwerfen, und ein vollständiger Verzicht auf die Nutzung von Tieren würde die Biodiversität des Planeten massiv reduzieren.

Vegetarische und vor allem vegane Lebensweise müssen ein Minderheitenprogramm bleiben. Es wäre jedoch völlig unproblematisch und ethisch sogar begrüßenswert, wenn diese Minderheit wüchse. Minderheiten, die sich für einen Aspekt guten Lebens besonders einsetzen und diesen durch ihr Leben bezeugen, sind für eine Gesellschaft wichtig. Denn sie geben Zeugnis für etwas, wovon ihr Herz (über-)voll ist, was aber jeden Menschen etwas angeht. Durch ihren Lebensstil, der sich in einem Aspekt deutlich von der Mehrheit abhebt, sind sie lebendige MahnerInnen, dass die Mehrheit es sich im Leben nicht zu einfach macht und sich allzu bequem im Strom dahintreiben lässt. Eine derartige Ermahnung braucht die Gesellschaft überall dort, wo es um schwierige ethische Fragen geht. Ich denke z. B. an

– *Kriegsdienstverweigerer in Demokratien mit allgemeiner Wehrpflicht*: Eine Demokratie braucht Wehrhaftigkeit und muss sich im Extremfall gegen Angriffe von außen verteidigen können. Dennoch ist es gut, dass manche den Wehrdienst, wo er noch allgemein verpflichtend ist wie in Österreich, aus Gewissensgründen verweigern. Sie erinnern die EntscheidungsträgerInnen, aber auch die gesamte Gesellschaft daran, dass man mit der Feststellung des „Verteidigungsfalls" wie auch in der Anwendung der Mittel höchst sorgsam und differenziert umgehen muss.

- *Kirchenasyl und generell zivilen Ungehorsam in Demokratien*: Eine Demokratie muss die Möglichkeit haben, Asylsuchende abzuschieben, wenn die sorgfältige Prüfung ihrer Asylgründe negativ ausfällt. Der Staat ist dann sogar verpflichtet, das Recht umzusetzen, das er sich gegeben hat. Dennoch ist es ratsam, dass der Staat das sogenannte Kirchenasyl duldet, in dem engagierte ChristInnen einzelne abgelehnte AsylbewerberInnen dem Zugriff der staatlichen Behörden entziehen. Und zwar nicht nur weil selbst eine sorgfältige staatliche Prüfung durch mehrere Instanzen fehlerhaft sein kann, sondern auch weil der Staat die Bildung und Anwendung eines mündigen Gewissens seiner BürgerInnen fördern sollte.
- *frei gewählte Ehelosigkeit aus religiösen Gründen*: Eine Gesellschaft braucht Kinder, die in zwei oder drei Jahrzehnten Verantwortung für das Gemeinwesen übernehmen und die gesellschaftliche Stabilität sichern. Aber in einer Zeit, da einerseits die Sexualität über die Maßen verherrlicht wird und andererseits eine große Zahl von Menschen wider Willen vereinsamt, kann es ein wertvoller Anstoß sein, Menschen zu erleben, die auch ohne Partnerschaft glücklich werden und ihr Leben fruchtbar gestalten.
- *frei gewählte Armut aus spirituellen Gründen*: Wer wirklich arm ist, braucht Menschen, die ihm materielle Hilfe gewähren. Das gilt auch dann, wenn er die Armut frei gewählt hat wie christliche oder buddhistische Bettelmönche. Würden alle Menschen freiwillig arm leben, hätten sie niemanden mehr, der ihnen hilft. Und doch geben auch die freiwillig Armen den Besitzenden etwas ganz Kostbares. Sie sind ein lebendes Beispiel dafür, wie

man auf Gott und die Menschen vertrauen und mit extrem wenig glücklich leben kann.

All diese Beispiele, so unterschiedlich sie sind, haben eines gemeinsam: Sie zeigen Lebensweisen, die für Religion und Gesellschaft unverzichtbar sind, aber nur so lange, wie sie von einer Minderheit gelebt werden. Vegetarische und vegane Lebensweise gehören genau in diese Reihe. Das setzt aber voraus, dass beide Seiten, vegetarisch und vegan lebende Minderheit einerseits und Fleisch essende Mehrheit andererseits, das anerkennen. Diese wechselseitige Anerkennung ist vermutlich nicht weniger prekär als die von KriegsdienstverweigererInnen und SoldatInnen oder von AktivistInnen im Kirchenasyl und InnenministerIn. Sie beruht nämlich auf einer zentralen ethischen Prämisse: dass vom einen etwas bedingungslos gefordert sein kann, wo vom anderen genau das Gegenteil verlangt ist. Diese These wiederum beruht auf einer zentralen erkenntnistheoretischen Voraussetzung: dass die ethische Wahrheit nicht immer so eindeutig ist, wie wir sie gerne hätten. Und sie beruht auf einer wichtigen anthropologischen Einsicht: dass Menschen mit unterschiedlichen Begabungen unterschiedliche Beiträge zum Leben der Gemeinschaft leisten sollen.

2.8 Gelassenheit hilft beiden Seiten

Genau diese Weitherzigkeit, die über den Tellerrand der eigenen Entscheidung und des eigenen Lebensstils hinausschaut, fehlt im alltäglichen Leben sehr häufig. Es war schon die Rede davon, dass die überzeugten Szene-VeganerInnen selbst gegenüber VegetarierInnen oft eine starke

Ablehnung zeigen.[141] Und erst recht tun sie das häufig gegenüber Fleisch essenden Menschen. Umgekehrt schaut es aber auch nicht immer viel besser aus. Ideologien herrschen da wie dort. Doch Ideologien machen unfrei. Genau das merkte Theresa Bäuerlein, die viele Jahre vegetarisch lebte, dann aber zu einem Leben mit Fleisch zurückkehrte: „Was meinem Vegetarismus wirklich das Genick brach, war das Gefühl der Befreiung: Nahrung und Ideologie, so stellte ich fest, das ist einfach keine gute Mischung."[142]

So richtig Bäuerleins Beobachtung ist, darf sie doch nicht zu dem Trugschluss verführen, ein freies Leben sei nur mit Fleischverzehr möglich. Nein, Freiheit wie Unfreiheit gibt es auf beiden Ufern des Flusses. Zur Freiheit gelangt man nicht, indem man das Ufer wechselt, sondern indem man den Menschen auf der anderen Seite mit Achtung und Toleranz begegnet. Und indem man seine eigene Option aus ganzem Herzen, aber ohne zusammengebissene Zähne lebt. Eben wirklich frei und nicht von einem inneren Zwang getrieben. Genau das nennt die ethische und spirituelle Tradition Gelassenheit. Der mittelhochdeutsche Begriff „Ledigkeit", den die großen Mystiker gerne verwendeten, steht sowohl für Gelassenheit als auch für Freiheit („ledig aller Sorgen" meint „frei von Sorgen").

Solche Gelassenheit kann durch eine lebendige Spiritualität genährt werden. Denn spirituelle Menschen wissen: Der Mensch soll engagiert nach dem Höchsten streben. Er soll dabei aber immer daran denken, dass er dieses Höchste nie aus eigener Kraft erreichen kann. Ein Anderer, Größerer allein kann das Höchste schenken. Die wohl pointierteste Formulierung dieser Verbindung von Gelassenheit und Engagement stammt von Ignatius von Loyola: „Vertraue so auf Gott, als ob der Erfolg der Dinge ganz von dir, nicht von Gott abhinge; wende dennoch dabei alle Mühe so an, als ob du nichts, Gott allein alles tun werde."[143] Der handelnde Mensch soll so auf Gott vertrauen, dass sein Vertrauen im engagierten Handeln durchschlagend wirksam wird; und so handeln, dass er von jeglichem Erfolgszwang frei ist. Das ist nur möglich, sagt Ignatius, wenn er ein doppeltes „Als ob" denkt: So auf Gott vertrauen, als ob alles vom Menschen abhinge; so handeln, als ob alles von Gott abhinge.

Auf den Tierschutz angewandt hieße das: *Maximales Engagement* für den Tierschutz ist nicht Ausdruck von Hochmut oder Arroganz, sondern vom Vertrauen in einen Gott, der zugesagt hat, dass alle Tiere in seiner großen Arche einen Platz haben und gerettet werden. Wer sich hingegen resignierend zurückzieht in der Überzeugung, dass der Mensch angesichts der wirtschaftlichen Zwänge ohnehin nichts tun könne, der ist der Ungläubige, der Gottes Wirken im Menschen nichts zutraut. Denn er vertritt letztlich einen lähmenden Fatalismus.

Zugleich entspricht ein verbissenes und verkrampftes Engagement nicht dem christlichen Glauben. Vielmehr gilt es die *innere Freiheit und Gelassenheit* zu spüren, die sich nicht vom Erfolg des eigenen Tuns abhängig macht. Erst die Differenzierung zwischen menschlichem Machen und göttlicher Gnade schenkt dem Menschen jene Freiheit, die er braucht, um sich wirklich mit Haut und Haaren zu engagieren. Maximales Engagement für den Tierschutz wäre folglich auch dann die einzig richtige Handlungsoption, wenn selbst die minimalste Verbesserung für die Tiere verfehlt würde. Um es mit einem berühmten Zitat auf den Punkt zu bringen: „Und wenn ich wüsste, dass die Welt morgen untergeht, würde ich heute noch ein Apfelbäumchen pflanzen."[144]

2.9 Tierschutz beginnt bei den KonsumentInnen

Wer kann, ja muss der entscheidende Treiber jener Veränderungs- und Verbesserungsprozesse sein, die auf eine gerechte Nutztierhaltung zulaufen? Fünf Glieder in der Kette kommen in Betracht: der Staat, die TierhalterInnen, die Fleischwirtschaft, der Lebensmittelhandel und die KonsumentInnen.

Üblicherweise rufen wir gerne nach „dem Staat". Der *Staat* soll die Gesetze verschärfen, der Staat soll das und jenes verbieten. Keine Frage, der Staat und vor allem die überstaatliche Europäische Union tragen in puncto Nutztierhaltung eine Verantwortung. Zunächst einmal müssen die Mitgliedsstaaten dafür sorgen, dass die geltenden Gesetze eingehalten werden. Das ist momentan bei weitem nicht der Fall. Personalknappheit in den Aufsichtsbehörden und mangelnder Mut, große Unternehmen juristisch zu belangen, lassen viele schwarze Schafe der Tierhaltungsbranche und der Schlachtbranche ungeschoren. Darüber hinaus muss v. a. die europäische Gesetzgeberin die geltenden Standards zugunsten der Tiere verbessern. Allerdings muss sie dabei relativ behutsam vorgehen. Denn Tierhaltungsbetriebe lassen sich leicht ins außereuropäische Ausland verlagern, wenn die EU-Richtlinien zu kostenträchtige Auflagen machen. Eine Erhöhung der gesetzlichen Standards braucht also Geduld.

Eine schneller wirkende Maßnahme bestünde darin, den großen Budgetposten der *EU-Agrarförderung*, von 2014 bis 2020 immerhin 95 Mrd. Euro, konsequent für

Maßnahmen einzusetzen, die dem Umweltschutz und dem Tierwohl dienen. Seit 2014 wird der überwältigende Anteil der EU-Mittel betriebs- und flächenbezogen gezahlt. Je mehr Fläche ein landwirtschaftlicher Betrieb hat, umso mehr Fördermittel erhält er. Das ist volkswirtschaftlich betrachtet ein Fortschritt gegenüber der zuvor praktizierten Mengenförderung – je mehr Ertrag ein Betrieb produzierte, umso mehr Förderung erhielt er –, die die Ertragssteigerung zum primären Ziel der LandwirtInnen machte und eine massive Überproduktion erzeugte. Die Bindung der flächenbezogenen Förderungen an ethische Kriterien, das sogenannte Greening, enthält allerdings nur Umwelt- und keine Tierschutzauflagen. Besser greifen die Förderung der Weidehaltung von Tieren und die Bezuschussung von Stallumbauten, um eine tiergerechtere Haltung zu ermöglichen. Diese Förderungen machen aber nur einen kleinen Teil der Mittel aus.

Die *TierhalterInnen* sind, insbesondere wenn es sich um kleinere und mittlere Betriebe handelt, sicher das schwächste Glied in der Kette. Sie sind den Tieren am nächsten, sehen sie atmen, fressen, schlafen und erleben sie überhaupt als einzige Beteiligte für einen längeren Zeitraum unmittelbar. Jedenfalls dann, wenn zwischen TierhalterIn und Tier noch ein individueller Kontakt möglich ist und das einzelne Tier nicht in der übergroßen Masse untergeht. Doch es ist kein Geheimnis, dass die Landwirtschaft insgesamt unter einem enormen Kostendruck steht, dem sich gerade kleine Betriebe kaum entziehen können. Diese haben oft gar nicht die Chance, den Tieren mehr zu geben. Und in den großen Betrieben sind die Führungspersonen schon wieder weit weg vom individuellen Tier.

In der *Fleischwirtschaft* sehen die Machtverhältnisse anders aus. Wenige Großkonzerne beherrschen den deutschen Markt. In ihren Schlachthäusern werden sowohl die Tiere als auch die dort arbeitenden Menschen einem gnadenlosen Effizienzdruck ausgesetzt. Daher ginge es zunächst gar nicht um strengere Gesetze, sondern um die Einhaltung der geltenden Gesetze. Doch auch hier sind die staatlichen Kontrollen nicht sehr effektiv.

Der *Lebensmittelhandel* wird ebenfalls von wenigen großen Ketten beherrscht. Das Beherrschen ist in diesem Fall jedoch ziemlich begrenzt. Denn die KundInnen sind wählerisch. Kaum ein anderes Segment des Einzelhandels unterliegt einem solchen Preisdruck wie der Lebensmittelhandel. Kostet ein Auto einige tausend Euro mehr als das Vergleichsmodell des konkurrierenden Herstellers, kaufen wir es trotzdem. Kostet aber die Butter der einen Marke nur ein paar Cent mehr als die der anderen, wählen wir nach dem günstigeren Preis. Die Spielräume des Lebensmittelhandels sind eng begrenzt. Umso erfreulicher ist es, wenn diese winzigen Spielräume z. B. durch die „Initiative Tierwohl" genutzt werden, an der sich fast alle großen Lebensmittelketten beteiligen. Schweine- und Geflügelfleisch aus zertifizierten landwirtschaftlichen Betrieben wird gekennzeichnet und kostet 4 Cent pro Kilogramm mehr als konventionelles Fleisch. Dieses Geld kommt den beteiligten landwirtschaftlichen Betrieben für die Verbesserung ihrer Tierhaltung zugute.

Nun sind 4 Cent nicht viel. Je nach Fleisch sind das 0,5 bis 1 % des Gesamtpreises. Offensichtlich trauen die Lebensmittelketten ihren KundInnen derzeit keine größere Zahlungsbereitschaft zu. Genau da wird deutlich, wer am längsten Hebel des Systems sitzt: die *KonsumentInnen*.

„Wer zahlt, schafft an", sagt ein altes Sprichwort, das noch immer stimmt. Während die Deutschen 1960 noch etwa 38 % ihres Einkommens für Lebensmittel ausgaben, waren es 1980 nur noch 20 % und 2000 sogar nur noch 15 %. Auf diesem Niveau verharrt seitdem der Anteil. Relativ stabil ein Viertel davon geht auf das Konto des Fleischkonsums. Für Fleisch gaben die Menschen 1960 also fast 10 % ihres Einkommens aus, heute nur noch knapp 4 %. Das schafft Spielräume. Wobei es, wie wir sehen werden, gar nicht darum geht, einen insgesamt höheren Betrag für Fleisch auszugeben, sondern denselben Betrag für weniger, aber tiergerechter erzeugtes Fleisch. Doch dazu im nächsten Kapitel mehr.

In einer Welt, die von der Ökonomie dominiert wird, dürfen wir die entscheidende Steuerung ethischer Werte wie des Tierwohls nicht primär von Politik und Recht erwarten. Vielmehr lässt sich ein Plus an Ethik nur über ökonomische Veränderungen erzielen – Veränderungen der Marktregeln durch die Politik, aber vor allem Veränderungen des Marktverhaltens durch die TeilnehmerInnen, sprich KonsumentInnen. Die Ethik in der Konsumgesellschaft des 21. Jahrhunderts muss beim Konsum ansetzen oder sie wird nicht stattfinden.

Genau darum – und nicht um Religion – geht es in dem berühmten Diktum von Ernst-Wolfgang Böckenförde:[145] „Der freiheitliche, säkularisierte Staat lebt von Voraussetzungen, die er selbst nicht garantieren kann. Das ist das große Wagnis, das er, um der Freiheit willen, eingegangen ist. Als freiheitlicher Staat kann er einerseits nur bestehen, wenn sich die Freiheit, die er seinen Bürgern gewährt, von innen her, aus der moralischen Substanz des Einzelnen und der Homogenität der Gesellschaft, reguliert. Anderseits kann er diese inneren Regulierungskräfte nicht von sich aus, das heißt mit den Mitteln des Rechtszwanges und autoritativen Gebots, zu garantieren suchen, ohne seine Freiheitlichkeit aufzugeben und – auf säkularisierter Ebene – in jenen Totalitätsanspruch zurückzufallen, aus dem er in den konfessionellen Bürgerkriegen herausgeführt hat."

Dass die Ethik bei den Konsumentscheidungen der Einzelnen ansetzen muss, haben VegetarierInnen und VeganerInnen absolut richtig erkannt. Die Fleisch essende Mehrheit durch ihr Verhalten daran zu erinnern, ist gut und wertvoll. Dass alle KonsumentInnen auf Fleisch und tierische Produkte verzichten müssen, ist damit nicht gesagt. Dass sie weniger und anderes Fleisch konsumieren sollten, aber schon.

2.10 Die Eucharistie ist eine vegane Speise

Das frühe Christentum hat sich als materielle Basis seiner Sakramente die mediterranen Prestigeprodukte gewählt: Brot, Wein und Öl.[146] Brot, Wein und Öl sind Symbole der Sicherheit, ja sie sind „die sichersten Nahrungsmittel des Lebens"[147]. Sie sind Symbole von Prestige verheißender Technik und Verarbeitung, denn zwar hängt die Traube am Weinstock und die Olive am Baum, doch Wein und Öl werden sie erst durch den komplexen Vorgang des Auspressens.[148] Und sie sind Zeichen der Lust am Schönen, denn Bischof Ambrosius von Mailand, der fromme „Pflanzer" Gottes, habe in seinen Predigten „deinem Volk die Blume deines Weizens, die Freude deines Öls und die nüchterne Trunkenheit deines Weines ausgeteilt"[149].

Brot, Wein und Öl als materielle Basis der Sakramente und Inbegriff der Hochschätzung: Damit ist das Christentum in seiner Gründungsphase höchst modern und gibt sich zugleich eine ethische Wertoption zugunsten einer fleischlosen oder wenigstens fleischarmen Ernährung. Die Eucharistie ist eine vegane Speise. Die Tradition des Vegetarismus in den frühchristlichen Mönchsgemeinschaften wäre gar nicht möglich gewesen, hätte das Christentum sein sakramentales Mahl mit Fleisch gefeiert. Das kann man gut an den Debatten der Mönche über den Wein erkennen – eine strikte Weinabstinenz wird mit Verweis auf die Eucharistie als schöpfungs- und leibfeindlich abgelehnt.

Bemerkenswert ist die symbolische Umcodierung der eucharistischen Spezies in den Worten Jesu über die Gaben: Das Brot wird „Fleisch", der Wein wird „Blut". Mochte das in der mediterranen Welt der Antike noch wenig Bedeutung haben, gewinnt es in dem Moment an Brisanz, da die Eucharistie auf eine auf Fleisch ausgerichtete Ernährungspraxis trifft wie die gallische und germanische. Hier muss die Behauptung als Provokation verstanden werden, Brot und Wein seien Fleisch und Blut. Sie bedeutet eine Umwertung aller (Ernährungs-)Werte: Was weltlich höchstes Ansehen bringt, wird sekundär, während die weltlich nachgeordneten pflanzlichen Speisen enorme Aufwertung erfahren. Die Eucharistie gewinnt den Charakter einer Gegenkultur. Sie setzt dem gängigen Machtsymbol Fleisch einen wirksamen Widerspruch entgegen.[150]

Wie verhält sich das Christentum zu Vegetarismus und Veganismus? Schon der geschichtliche Durchgang ließ eine erstaunlich große, weithin vergessene Nähe und Sympathie erkennen. Diese wurde durch die systematischen moraltheologischen Überlegungen noch unterstützt. Einen Monopolanspruch, der Vegetarismus oder Veganismus als einzig moralische Ernährungs- und Lebensweise betrachten würde, gibt es nicht. Wohl aber die Überzeugung, dass Menschen, die auf Fleisch und tierische Produkte verzichten, auf etwas Wichtiges aufmerksam machen: dass die Tiere unsere Geschwister sind und gerecht behandelt werden müssen. Und dass es an uns KonsumentInnen liegt, ob dies geschieht.

TEIL IV:
Die Tiere beim Essen im Blick behalten (Handeln)

1. Weniger ist genug. Fleisch maßvoll verzehren

Wenn VegetarierInnen und VeganerInnen den Fleisch essenden Menschen ein Signal geben, ihren Fleischkonsum bewusster zu gestalten, dann muss im Folgenden konkretisiert werden, was das bedeuten soll: Wie viel Fleisch ist für den durchschnittlichen Menschen in der Industriegesellschaft genug? Welche Bedeutung können fleischfreie Wochentage oder Zeiten haben? Welches Fleisch kann man in Maßen guten Gewissens verzehren? Diesen Fragen gehe ich in den nächsten drei Kapiteln nach. In den letzten beiden Kapiteln werde ich nochmals auf die biblische Vision eines gewaltfreien Miteinanders aller Geschöpfe schauen: Wie könnte in Orientierung an ihr die Wertschätzung der Kirchen für vegetarisch oder vegan lebende Menschen sichtbar gemacht werden? Und welche Richtung gibt die Vision vom Frieden zwischen Mensch und Tier unseren Vorstellungen vom ewigen Heil und von dem, was wir „Himmel" nennen?

Obwohl die Bibel den Fleischverzehr nicht ablehnt, steht sie ihm sehr reserviert gegenüber – reservierter als dem Verzehr pflanzlicher Lebensmittel. Denn die Bibel kennt die Gier nach Fleisch. Als Israel auf dem Weg durch die Wüste in das Gelobte Land ist, vermisst es am meisten die Fleischtöpfe Ägyptens. Für Fleisch wäre das Volk bereit, seine Freiheit aufzugeben und sich aufs Neue zu versklaven. Einem länger dauernden Verzicht auf Fleisch würde es sogar den Tod vorziehen: „Wären wir doch in Ägypten durch die Hand des Herrn gestorben, als wir an den Fleischtöpfen saßen und Brot genug zu essen hatten" (Ex 16,3).

Die Bibel nimmt kein Blatt vor den Mund und nennt dieses übertriebene Bedürfnis der Israeliten nach Fleisch Gier: „Die Leute, die sich ihnen angeschlossen hatten, wurden von der Gier gepackt und auch die Israeliten begannen wieder zu weinen und sagten: Wenn uns doch jemand Fleisch zu essen gäbe!" (Num 11,4). Gott gibt nach und gesteht dem Volk eine moderate Fleischmenge zu. Wachteln, die sich auf ihrem Frühlingsflug von den afrikanischen Winterquartieren in die europäischen Sommerquartiere befinden, lassen sich abends erschöpft in der Wüste nieder und werden für die hungrigen Israeliten zur leichten Beute. Doch zürnt Gott über die Gier der Menschen und fügt vorausblickend hinzu: „Nicht nur einen Tag werdet ihr es essen, nicht zwei Tage, nicht fünf Tage, nicht zehn Tage und nicht zwanzig Tage, sondern monatelang, bis es euch zum Hals heraushängt und ihr euch davor ekelt. Denn ihr habt den Herrn, der mitten unter euch ist, missachtet" (Num 11,19–20). Eine Plage befällt die Israeliten, manche sterben und werden begraben. „Daher nannte man den Ort Kibrot-Taawa (Giergräber), da man dort die Leute begrub, die von der Gier gepackt worden waren" (Num 11,34).

Die Warnung der Bibel vor übermäßigem Fleischgenuss ist nicht zu überhören. Was vom wandernden Volk Israel auf dem Weg ins Gelobte Land erzählt wird, ist ein Bild für die menschliche Existenz insgesamt: Für Fleisch ist er mitunter sogar bereit, seine Freiheit, seine Wertvorstellungen, man könnte sagen: seine Seele zu verkaufen. Fleisch hat über viele Menschen eine zu große Macht.

Die griechische Ethik setzt der Gier die Tugend der Maßhaltung entgegen. Für sie ist die Maßhaltung die Tugend par excellence. Sie bedeutet, die eigenen Bedürfnisse mit den Bedürfnissen des Kosmos, also der Schöpfung, und den Bedürfnissen der Polis, also der Menschengemeinschaft, in Einklang zu bringen. Maßhaltung zielt nicht auf den Radikalismus eines Alles oder Nichts, sondern auf eine gesunde, mit der Umwelt abgestimmte Mitte.

Fragt man, was in modernen Industriegesellschaften das zuträgliche Maß an Fleisch wäre, kommt man ungefähr auf ein Drittel bis ein Viertel des gegenwärtigen Verbrauchs, also etwa 20 Kilogramm brutto pro Person und Jahr. Dieses Maß lässt sich aus unterschiedlichen Richtungen bestimmen:

- Es ist das *Maß der Gesundheit*: Die Deutsche Gesellschaft für Ernährung (DGE) empfiehlt, sich auf ein bis zwei Fleischmahlzeiten pro Woche zu beschränken. Das entspricht etwa 300 bis 600 Gramm pro Woche, also im Durchschnitt 23 Kilogramm netto pro Person und Jahr und damit etwa einem Drittel des aktuellen Verzehrs. Für Österreich gibt der Österreichische Ernährungsbericht 2012 an, dass Jungen im Alter von 13 bis 14 Jahren 377 % der empfohlenen Fleischmenge essen, Mädchen 319 %.[151] Jungen müssten demnach ihren Verbrauch auf ein gutes Viertel reduzieren, Mädchen auf ein knappes Drittel.

- Es ist das *Maß der ökologischen Verträglichkeit*, insbesondere der Klimaverträglichkeit: Um zu einer Stabilisierung des Weltklimas zu gelangen, müssen die Industrieländer ihren Ausstoß an Klimagasen um rund 80 % reduzieren. Die Tierhaltung trägt, wie wir gesehen hatten, mit einem erheblichen Anteil zum Treibhauseffekt bei. Wenn man also die Klimagase nicht in anderen Bereichen überproportional reduziert, muss man die Tierhaltung deutlich verringern. Einen kleineren Teil der Treibhausgase kann man durch Umstellung auf Weidehaltung und Extensivierung der Tierhaltung einsparen. Den größeren Teil muss man aber über eine geringere Zahl an Nutztieren hereinholen.

— Es ist das *Maß der sozialen Verträglichkeit,* insbesondere mit Blick auf die Welternährung: Derzeit „importiert" die Europäische Union netto den Ertrag von mehr als 30 Mio. Hektar Ackerflächen. Davon ist fast die Hälfte Soja, das wiederum zu einem großen Teil als Viehfutter dient.[152] Mit dem Verzicht auf Agrarimportüberschüsse ist zwar noch nicht sichergestellt, dass die derzeit hungernden Menschen gesättigt werden. Es ist aber auf lange Sicht eine wesentliche Voraussetzung.

— Es ist das *Maß für ein faires Tierwohl:* Während ein Schwein beim Verkauf pro Kilogramm Schlachtgewicht in konventioneller Haltung 1,40 Euro und in ökologischer Haltung 3,50 Euro bringt, rechnet Karl Ludwig Schweisfurth, einer der großen Pioniere alternativer Tierhaltung, für das Schwein aus seiner symbiotischen Haltung mit 4,50 Euro pro Kilogramm. Das bedeutet, dass der EndverbraucherInnenpreis 20 Euro pro Kilogramm Kotelett beträgt, 35 Euro pro Kilogramm Kochschinken und 70 Euro pro Kilogramm Knochenschinken. Ganz grob gerechnet verdoppeln sich die herkömmlichen Preise für Fleisch und Fleischprodukte.[153] — Wenn man aber doppelt so viel für Fleisch zahlt, kann man nicht halb so viel davon essen, sondern weniger – sofern man insgesamt nicht mehr Geld für Lebensmittel ausgeben will. Denn die wegfallenden Fleischportionen müssen ja durch pflanzliche Speisen ausgeglichen werden, und die kosten auch Geld.

Alle wichtigen Indikatoren weisen also ungefähr in dieselbe Richtung: auf einen Fleischverbrauch, der im Durchschnitt um die 20 Kilogramm brutto pro Person und Jahr liegt. Würde dieses Maß verwirklicht, könnte man
– den Nutztieren eine tiergerechte Haltung und Schlachtung bieten,
– die Tierhaltung weitgehend extensivieren und ihre ökologischen Nebenfolgen auf ein vertretbares Maß reduzieren (Treibhauseffekt, Landverbrauch, Wasserverbrauch, Zerstörung der Umweltmedien Boden und Wasser, Zerstörung der Artenvielfalt, Abholzung der Regenwälder),
– den Import von Hochleistungsfutter in die Industrieländer reduzieren und damit ärmeren Ländern die Möglichkeit geben, sich selbst zu ernähren,
– und die eigene Gesundheit deutlich verbessern.

1.1 Den „neuen Mann" propagieren

Wer sich an die Herausforderung wagt, den Fleischkonsum der Industrieländer zu reduzieren, kommt an der Tatsache nicht vorbei, dass Fleischverzehr männlich ist. Männer verzehren in Deutschland etwa doppelt so viel Fleisch wie Frauen[154] – und das in einer Zeit, in der die meisten Männer keinen körperlich schweren und harten Tätigkeiten mehr nachgehen.

Der Ursprung der Debatte um den Zusammenhang von Fleischkonsum und Männerbild ist ein explizit theologischer. Bereits 1975 stößt die US-amerikanische Theologin Carol J. Adams eine Debatte um Feminismus und Vegetarismus an und bleibt bis heute eine der maßgeblichen Exponentinnen. Zunächst ist die Rezeption ihrer Thesen zaghaft, mit Erscheinen ihres einschlägigen Buchs 1990 (deutsch 2002) werden die Debatten jedoch intensiver.

Adams' Ziel ist es, eine strukturelle Verwandtschaft der Gewalt gegen Tiere und der Gewalt gegen Frauen zu zeigen. In beiden Fällen sei der Referent, also das Tier bzw. die Frau, abwesend, d. h. von den männlichen Tätern unsichtbar gemacht. Zwei Aspekte sollen diese These untermauern:[155]

— *Umbenennung*: Wenn ein Tier zu Fleisch wird, nennen wir das Tier nicht mehr. Der englische Begriff „Meat" wird nur an eine Tierartbezeichnung angehängt, wenn das Fleisch nicht gegessen wird, und steht alleine, wenn das Fleisch verzehrt werden soll. Im Englischen vollzieht sich die Unsichtbarmachung des Tieres also krasser als im Deutschen, wo „Schweinefleisch", „Rinderbraten" und andere Fleischspeisenbezeichnungen die Tierspezies wenigstens noch im ersten Wortteil nennen. Aber das dominierende Substantiv ist auch im Deutschen „Fleisch", „Schnitzel", „Bratwurst" etc. und eben nicht „Schwein", „Rind", „Lamm".

— *Zerstückelung*: Dass das geschlachtete Tier zerlegt wird, ist unumgänglich, wenn man es verzehren will – es sei denn, eine Gruppe von Menschen verzehrt gemeinsam ein Tier, das unzerlegt auf den Tisch kommt. Doch auch sprachlich wird das Tier zu „Rippchen", „Lende", „Schinken", „Speck", „Niere" und „Leber".

Adams beobachtet diese beiden Vorgänge der Umbenennung und Zerstückelung auch gegenüber Frauen, die zu Sexobjekten werden. Die Frau für eine Nacht wird sexuell „vernascht". Junge Prostituierte nennt man „Frischfleisch", einen Bordellbesuch „Fleischbeschau". Frauen werden „gejagt", gelten gar als „Freiwild". Nicht zufällig nennt man die französischen Massenbordelle im 19. Jahrhundert „maisons d'abattage" – „Schlachthäuser". So kann Nan Mellinger die Analysen Adams' treffend auf den Punkt bringen: Der Mann isst Fleisch, die Frau ist Fleisch.[156]

Adams stellt diese Unsichtbarmachung des Tiers in einen größeren Kontext: Die Sprache diene als Maske, um die Individualität des Tieres zu verbergen und es zur Sache zu machen: Das Tier wird im Englischen „it" genannt, immer und bei allen Spezies.[157] Auch hier ist das Deutsche offener, denn im Deutschen haben Tiere meistens männliches oder weibliches und nur selten neutrales Genus.

Insgesamt geben die feministischen Analysen Adams' wertvolle Impulse: Sie machen einerseits auf die Rolle der Sprache und andererseits auf die Rolle visueller Präsentation aufmerksam: Je mehr das Fleisch sprachlich und visuell vom ursprünglichen Tier entfernt wird, umso weniger können emotionale Barrieren den zügellosen Fleischkonsum verhindern.

1.2 Die Symbolik des Fleischs gestalten

Wie kann der weit überhöhte Fleischverbrauch der Industrieländer langsam, aber sicher auf ein verträgliches Maß heruntergefahren werden? Gewiss braucht es dazu eine Erhöhung der Fleischpreise. Diese werde ich im nachfolgenden Abschnitt diskutieren. Und doch ist der Preis nicht alles. Die starke Symbolik des Fleisches, die auf die Emotionen der Männer zielt, lässt sich nicht allein mit dem rationalen Argument des Preises überwinden. Es muss vielmehr an der Symbolik selbst gearbeitet werden.

Das hat die amerikanische Fleischindustrie sehr klar erkannt, die die Symbolik natürlich in ihrem Sinne verändert hat und weiter verändern möchte.[158] Um 1890 entsteht in den USA der Mythos vom Cowboy, der abends am Lagerfeuer sitzt und sein Fleisch grillt. Dieses Bild hat den Fleischhunger der amerikanischen Männer über viele Jahrzehnte erfolgreich gesteigert. Doch war die Story allein auf den Mann ausgerichtet. Die Botschaft lautete: Fleisch gibt Männern für ihre harte Arbeit physische Kraft. Seit den 1970er Jahren gilt Fleisch in den USA aber eher als ungesund und verantwortlich für die Hauptkrankheiten Herzinfarkt und Krebs. Zudem kaufen Frauen die Lebensmittel ein, nicht Männer. Es braucht also aus Sicht der Fleischindustrie eine Feminisierung des Fleischsymbols. Und so lautet die Werbebotschaft der US-Fleischindustrie im neuen Jahrtausend: Die starke und vielfältige Aufgaben bewältigende Frau braucht gutes Fleisch. Das maskuline Image der Stärke bleibt dem Fleisch in dieser Strategie erhalten. Nicht das Fleisch wird verweiblicht, sondern die Frau vermännlicht.[159] Sie bekommt gleichsam „Cowgirlhosen" angezogen. Ob die Strategie allerdings langfristig Erfolg haben wird, muss sich noch zeigen.

Am Beispiel der Werbestrategie der US-Fleischindustrie sieht man gut, wie sich Symboliken langsam, aber wirksam verändern lassen – und zwar gezielt gesteuert. Anstatt das Fleisch der Frau schmackhaft zu machen, kann man daher auch versuchen, die pflanzliche Ernährung an den Mann zu bringen. Dazu muss man das Männerbild verändern. Das geschieht durch die Gender-Debatten der letzten Jahrzehnte ohnehin. Auch ohne das Vorliegen empirischer Untersuchungen bin ich überzeugt, dass der wachsende Trend zu vegetarischer und veganer Ernährung eng mit dem Wandel des Männerbildes zu tun hat. Wer den Fleischkonsum nachhaltig reduzieren will, muss Genderdiskurse beflügeln.

Schließlich bieten die Analysen von Carol J. Adams, die auf die Wichtigkeit der visuellen und sprachlichen Repräsentation von geschlachteten Tieren abheben, einen weiteren hilfreichen Ansatz zur Gestaltung der Fleischsymbolik. Das geschlachtete Tier muss bestmöglich sichtbar und benennbar gemacht werden. Die beiden Biofleischvermarkter Dennis Buchmann und Bernd Schulz, die seit 2012 unter dem Motto „Wir geben Fleisch ein Gesicht" ein Foto und den Namen des individuellen Tieres, von dem das Fleisch stammt, auf dem Etikett ihrer Fleischverpackung oder Wurstdose anbringen, liegen richtig. Natürlich lässt sich am Foto nicht erkennen, ob das Tier gut gehalten und schmerzfrei geschlachtet wurde. Das muss auf andere Weise dokumentiert werden. Aber die Bewusstmachung, dass man das Fleisch eines individuellen Lebewesens konsumiert, ist ein hoher Wert. Wenn Carol J. Adams Recht hat, müsste eine solche Methode den Fleischkonsum deutlich senken, wenn sie erst viele Menschen erreicht.

1.3 Die Preise für Fleisch spürbar erhöhen

Wie kann der weit überhöhte Fleischverbrauch der Industrieländer langsam, aber sicher auf ein verträgliches Maß heruntergefahren werden? Die eine Seite ist eine langsame, geduldige Veränderung unserer symbolischen Botschaften. Die erreichen unsere Emotionen. Die andere Seite ist eine spürbare Erhöhung der Fleischpreise. Nur so erreicht man unseren kühl kalkulierenden Kopf. Der hohe Fleischkonsum ist auch das Ergebnis einer jahrzehntelangen Verquickung von politischer Steuerung und Ökonomisierung: Hohe Subventionen förderten die Steigerung und Industrialisierung der Fleischproduktion massiv. Wer den Fleischkonsum reduzieren will, muss die Förderpolitik für Tierhaltung und die Preispolitik für Fleisch verändern.

In Deutschland ist der Anteil der Ausgaben für Fleisch an den gesamten Konsumausgaben von 4 % im Jahr 1973 auf 2 % im Jahr 2011 zurückgegangen (Statistisches Bundesamt). Das hat einerseits mit „Effizienzgewinnen" einer durchrationalisierten Tierhaltung zu tun, andererseits mit schlechten Löhnen, die in dieser Branche gezahlt werden, und mit einer eklatanten Externalisierung der Kosten: Erhebliche Kosten werden auf die Allgemeinheit abgewälzt. Gemäß dem Verursacherprinzip müsste sich der Staat diese Kosten von den Verursachern, also den Fleischerzeugern, wieder zurückholen. Das Mittel dazu sind Abgaben und Steuern.

Sebastian Buschmann und Eike Meyer vom Forum Ökologisch-Soziale Marktwirtschaft e. V. haben 2013 verschiedene Szenarien durchgerechnet und auf ihre Erfolgsaussichten geprüft. Vier staatliche Maßnahmen halten sie für prinzipiell denkbar. Die ersten beiden würden den TierhalterInnen auferlegt, die letzten beiden den KonsumentInnen:

- Eine Stickstoffüberschussabgabe: Besonders problematisch an der Intensivtierhaltung ist der übermäßige Stickstoffeintrag auf landwirtschaftlichen Flächen. Da die Flächen nicht die gesamte Stickstoffmenge aufnehmen können, gelangt diese in Oberflächengewässer und teilweise sogar ins Grundwasser. Man könnte nun versuchen, durch eine Abgabe auf übermäßige Stickstoffausbringung deren Reduktion zu erreichen. In den Niederlanden wird dies seit 1998 erfolgreich praktiziert.
- Eine Importsteuer auf eiweißhaltige Futtermittel wie Soja, die v. a. in der Intensivtierhaltung einen erheblichen Anteil der Tierfütterung ausmachen.
- Eine Fettsteuer auf besonders fetthaltige Lebensmittel analog zur in manchen Ländern vorhandenen Steuer auf besonders zuckerhaltige Lebensmittel.
- Die Abschaffung des ermäßigten Mehrwertsteuersatzes für Fleischprodukte.

Welchen Effekt könnten diese vier Maßnahmen haben?

Wie man der Tabelle (auf S. 122) entnehmen kann, wäre eine Futtermittelimportsteuer nicht nur rechtlich fragwürdig, weil sie einem Zoll gliche, sondern außer bei Geflügel auch relativ wenig wirksam. Auch eine Fettsteuer brächte nicht viel und würde zudem öffentlich kaum akzeptiert, weil sie als Bevormundung empfunden würde. Die Stickstoffüberschussabgabe hingegen ist zwar bürokratisch am aufwändigsten, dafür aber gut vermittelbar und hoch wirksam. Und die Streichung des reduzierten Mehrwertsteuersatzes für Fleisch, die ebenfalls eine deutliche Wirkung hätte, wäre genau genommen keine Steuererhöhung, sondern die Streichung einer Subvention, weil Fleisch nicht (mehr) als Grundnahrungsmittel betrachtet werden muss.

Tabelle: Die Lenkungswirkung „fleischbezogener" Abgaben und Steuern[160]

Instrument	Rindfleisch		Schweinefleisch		Geflügelfleisch	
	Preisänderung max.	Konsumänderung max.	Preisänderung max.	Konsumänderung max.	Preisänderung max.	Konsumänderung max.
Stickstoffüberschussabgabe ohne Überschussfreibetrag	+49,4%	−26,2%	+18,9%	−15,7%	Keine ausreichende Datengrundlage	?
Stickstoffüberschussabgabe mit Überschussfreibetrag	+22%	−11,6%	+10,3%	−8,5%		?
Futtermittelimportsteuer	+1,5%	−0,8%	+5,5%	−4,5%	+11,8%	−8,2%
Fettsteuer	+3,4%	−1,8%	+5,5%	−4,5%	+3,1%	−2,1%
Mehrwertsteuer	+11,2%	−5,9%	+11,2%	−9,3%	+11,2%	−7,7%

So kommen die Autoren der Studie zu einem klaren Urteil: „Insbesondere die Einführung einer Stickstoffüberschussabgabe und die Reform der Mehrwertsteuer scheinen geeignet, Fleischprodukten einen angemesseneren Preis zu verleihen, auf diese Weise zu einer Mäßigung des Fleischkonsums beizutragen und darüber hinaus Anreize für ökologisch verträglichere Erzeugungsmethoden zu schaffen."[161]

Die Wirkung der Preise auf das subjektiv wahrgenommene Verhalten der Menschen zeigt eine Studie von Anette Cordts und KollegInnen aus dem Jahr 2013. Sie teilten die 1174 in Deutschland befragten Personen über 18 Jahre in vier Gruppen ein:
- VegetarierInnen (incl. PescetarierInnen, also FischesserInnen),
- FlexitarierInnen, also „GelegenheitsvegetarierInnen", die ab und zu etwas Fleisch essen, dann aber sehr bewusst auf dessen Herkunft schauen,
- reduktionswillige FleischesserInnen, die sich einen geringeren Fleischkonsum vorstellen können,
- unbekümmerte FleischesserInnen, die viel Fleisch essen und wenig darüber nachdenken.

Tabelle: Einstellung verschiedener Bevölkerungsgruppen zum Fleischkonsum[162]

Statement	Vegetarie-rInnen	Flexitarie-rInnen	Reduktions-willige Fleischesse-rInnen	unbeküm-merte Fleischesse-rInnen
Bei Fleisch geht mir Qualität vor Quantität.	- -	77,0 %	79,2 %	69,8 %
Für qualitativ hochwertiges Fleisch bin ich bereit, das Doppelte zu zahlen.	- -	40,4 %	38,4 %	24,1 %
Wenn Fleisch und Wurst billiger wären, würde ich mehr davon essen.	0,0 %	3,7 %	9,8 %	16,1 %
Fleisch gehört für mich zu einer Mahlzeit dazu.	0,0 %	2,9 %	16,1 %	36,1 %
Zu Festen/Feiern gehört für mich Fleisch dazu.	0,0 %	15,5 %	47,7 %	62,2 %
Fleisch ist ein Stück Lebenskraft.	0,0 %	8,3 %	30,4 %	49,9 %

Wie die Tabelle zeigt, würde selbst unter den „unbekümmerten FleischesserInnen" rund ein Viertel für hochwertiges Fleisch den doppelten Preis zahlen. Auch wenn zwischen einer solchen Behauptung und der Wirklichkeit im Ernstfall eine Differenz liegen dürfte, scheint mir das kein geringer Wert. Umgekehrt gibt ein Sechstel der „unbekümmerten FleischesserInnen" zu, mehr Fleisch zu essen, wenn es billiger wird. So oder so heißt das, dass der Preis bei vielen Menschen die konsumierte Fleischmenge mitbestimmt.

Dass die behaupteten Zusammenhänge kein reines Wunschgebilde darstellen, sondern nachprüfbare Wirklichkeit sind, zeigt das Beispiel der Schweiz. Dort hat man Ende der 1990er Jahre die Tierhaltung wesentlich verbessert – durch staatliche Subventionen für Stallumbauten und andere Verbesserungen der Tierhaltung einerseits und durch höhere Fleischpreise in einem guten Teil des Einzelhandels andererseits. Das führte dazu, dass der Fleischverzehr netto pro Kopf und Jahr von 64 Kilogramm in den Jahren bis 1980 auf relativ konstant 50 bis 52 Kilogramm seit dem Jahr 2000 zurückging. Zum Vergleich: In Deutschland lag der Fleischverzehr netto zwischen 2000 und 2014 immer zwischen 60 und 61 Kilogramm, in Österreich zwischen 65 und 67 Kilogramm. Der Unterschied ist also bemerkenswert. Ohne die Reformen der 1990er Jahre läge die Schweiz auf einem ähnlichen Niveau wie ihre Nachbarländer.

Freilich: In den letzten zehn Jahren stagniert auch in der Schweiz der Anteil der tier- und umweltfreundlichen Betriebe. Die steuerlichen und preislichen Maßnahmen der 1990er Jahre haben ihre Wirkung offenbar ausgeschöpft. Ein neuer Anschub wäre nötig, um noch weiter zu kommen. Denn vom vorgeschlagenen Ziel von 20 Kilogramm Fleischverzehr pro Person und Jahr sind auch die SchweizerInnen noch weit entfernt. Einen deutlichen Vorsprung gegenüber der Europäischen Union haben sie gleichwohl.

1.4 Den Geschmack des Fleischs auskosten

Wer Fleisch isst, sollte es mit all seiner Aufmerksamkeit genießen. Wirklicher Genuss ist die größte Wertschätzung, die wir dem Tier schenken können, das uns seinen Körper als Nahrung gibt. Was aber meint Genuss? Das ist keine triviale Frage. Genießen meint nicht ein quantitativ maximiertes und ökonomisch optimiertes Ausnutzen, sondern ein „Verspüren und Verkosten der Dinge von innen her"[163]. Genussfähigkeit ist also die Bereitschaft und das stete Bemühen, die genutzten, d. h. „genossenen" Dinge in ihrem ganzen Reichtum auszukosten und zu verinnerlichen. Wer genießen kann, hat Geschmack am Leben. Und: „Das Organ des Geschmacks ist nicht die Zunge, sondern das Gehirn."[164] Genussfähigkeit ist in hohem Maße ein geistiges Tun. Genau das sind Genusssucht und Genussfeindlichkeit als zwei extreme Formen der Genussunfähigkeit nicht: Beide bleiben an der Oberfläche und vermögen nicht in die Tiefe geistigen Genusses einzutauchen.

Gerade der Ernährungsvorgang ist ein privilegierter Ort der Erfahrung von Sucht, aber auch von Überdruss und Übersättigung; von Berührungsängsten im wörtlichen Sinne und innerer Leere, die oft als „Hunger" beschrieben wird. Umso mehr muss alarmieren, dass die Genussfähigkeit in den klassischen Tugendkatalogen der philosophischen wie der christlichen Ethik nicht auftaucht – Epikur und ihm folgende Denker ausgenommen. Hier liegt vermutlich ein blinder Fleck der griechisch-römischen Mainstream-Philosophie, die sich v. a. in der Stoa und im Neuplatonismus dezidiert gegen Epikur wandte. Tasten und Schmecken galten unter den fünf Sinnen als die niedrigsten, weil sie die Dinge berühren und sich schmutzig machen müssen.[165] Das Christentum hat dieses philosophische Erbe aufgesogen und lernt erst in den letzten Jahrzehnten, dass ein wenig mehr Epikur nicht so schlecht und schon gar nicht so unbiblisch wäre.

Was kann der Einübung der Genussfähigkeit dienlich sein? Zunächst einmal setzt Genussfähigkeit das Schmecken-Können voraus. Es ist aber zuallererst eine Übung des Denkens, seinen Geschmack zu schulen und zu immer differenzierterer Wahrnehmung fähig zu machen. Ziel wäre es, die kleinste Prise eines Gewürzes oder einer Zutat in der fertigen Speise zu erschmecken. Das braucht viel Erfahrung und Übung.

Auch wenn das eigentliche Geschmacksorgan das Gehirn ist, braucht dieses zweitens umfassende Informationen von den fünf Sinnen. Derjenige schmeckt besser und differenzierter, der alle fünf Sinne auf das Essen richtet. Das kann er aber nur, wenn die Rahmenbedingungen stimmen und eine ganzheitliche Tischkultur gepflegt wird. Außerdem braucht er eine Art und Weise des Einverleibens, die dem Geschmackssinn als dem in dieser Hinsicht wichtigsten der fünf Sinne optimale Bedingungen bietet, „ganz Geschmack" zu sein. Dazu gehört es, die Speise gründlich zu zerkauen, sie „auf der Zunge zergehen zu lassen" und das Hinunterschlucken so lange wie möglich zu verzögern. Hastiges Verschlingen ist der größte Feind der Genussfähigkeit.

Zur Genussfähigkeit gehört drittens die Kommunikation über den Geschmack der Lebensmittel. Zum einen, weil die Sprache eine Intensivierung und Präzisierung der Wahrnehmung ermöglicht (Spracherweiterung ist nach Ludwig Wittgenstein Welterweiterung), zum anderen, weil über die Sprache die Wahrnehmungen anderer Menschen zugänglich werden. Schmecken lernt man am besten gemeinsam.

Ein viertes Element des Einübens der Genussfähigkeit ist das Achten auf die übrigen Körpersignale, v. a. des eigenen Verdauungsapparats. Untrüglich signalisiert dieser, was dem Körper guttut, was er braucht, was ihm zu viel ist usw. So kommen Genussfähigkeit und Maßhaltung einander nahe. Denn ein Übermaß an Nahrung verdirbt den Genuss. Wer genießen will, muss sein Maß kennen.

Das schließt fünftens ein rechtes Maß des Esstempos unbedingt mit ein. Langsame EsserInnen genießen intensiver. Sie kosten Speise und Trank im wörtlichen Sinne aus. Aus ethischer Sicht ist die Frage des Esstempos auch eine Frage der Ehrfurcht vor den Speisen und im Fall des Fleischverzehrs auch vor dem Tier, das uns diese Speise schenkt.

Wer Genussfähigkeit gelernt hat, kann seine Fleischportion ohne Probleme reduzieren. Ein kleines Stück Fleisch von hoher Qualität bereitet ihm mehr Genuss als enorme Fleischberge von Tieren, die ungesund gefüttert und gehalten wurden. Man lernt zu schmecken, wie das Tier gelebt hat. Das macht zugleich dem Tier gegenüber dankbarer und bescheidener.

2. Es geht auch mal ohne. "Veganismus auf Zeit" für alle

Im frühen Mittelalter wurde die Kultur der Gallier und Germanen die dominante Kultur des zunehmend christianisierten Abendlands. Weide und Jagd spielten eine große Rolle, Fleisch und nicht Brot wie im Römischen Reich galt als das Kraft spendende Lebensmittel. Sehr treffend wird diese kulturelle Differenz in den Geschichten von Asterix und Obelix dargestellt: Die Gallier lieben im Unterschied zu den Römern Wildschweinfleisch und essen es in rauen Mengen. Nördlich der Alpen ist das fast überall so. Das produziert einen Konflikt mit dem Christentum, das eine mediterrane Brot- und Weinkultur ist und tendenziell fleischkritisch daherkommt. Für die gallischen und germanischen Völker ist der Starke aber der Fleischesser, der Macht und Ansehen hat, weil er im Kampf führen kann.[166]

Gegen diese auf das Fleisch ausgerichtete Esskultur kommt das Christentum nur teilweise an. Seine Kompromisslösung sind fleischfreie Zeiten der Abstinenz. Die werden jedoch nur möglich durch die Erlaubnis von drei Speisen als Fastenspeisen (in der Fachsprache als „mager" bezeichnet), die das ursprünglich nicht waren:
- Der *Fisch* gilt ab dem 9./10. Jahrhundert als „mager"[167] und wird zur Fastenspeise all derer, die ihn sich leisten können. Zum Fisch als Fleischersatz führt ein jahrhundertelanger Diskussionsprozess. Doch ab dem 11. Jahrhundert beginnt die gezielte Ansiedlung der Klöster an Gewässern und der hochprofessionelle Bau von Fischteichen insbesondere durch die Zisterzienser, so dass eine Umkehr nicht mehr möglich ist.[168]

— *Milch* wird ebenfalls zur „mageren" Fastenspeise.[169] In der griechisch-römischen Antike wurde die Milch mit der Kindheit gleichgesetzt – der Erwachsene trinkt keine Milch. Diese Geringschätzung der Milch hängt womöglich mit ihrer Verderblichkeit im warmen Mittelmeerraum zusammen. Jedenfalls trinken die Menschen anderer Kulturen wie Skythen und Goten viel Milch – eben die „Barbaren". Mit Milch ist damals Schafsmilch und ggf. Ziegenmilch gemeint – die Kuhmilch gewinnt erst im 15. Jahrhundert eine vergleichbare und noch später eine überlegene Rolle.
— Auch der *Käse* gilt der antiken und mittelalterlichen Medizin als verdächtig, besonders der reife Käse.[170] In der Antike ist der Käse das Hauptgericht der Armen, auf den Tischen der Reichen aber nur Beigabe. Gerade deswegen ist er als Kloster- und Fastenspeise akzeptabel. So entwickelt sich, von den Klöstern ausgelöst und von den Bauern verbreitet, eine enorme Käsekultur, weil die monastischen Klöster auf dem Land liegen. Damit wird der Käse zunehmend Bestandteil aufwändiger Rezepte, bleibt aber als Fastenspeise kirchlich erlaubt.

Das Ausweichen auf Fisch, Milch und Käse ist im Mittelalter unumgänglich. Insbesondere während der kalten Jahreszeit wäre es in polarnäheren Regionen ansonsten unmöglich, dem fastenden Menschen genügend Eiweiß zuzuführen, geschweige denn ihn zu sättigen. Denn im Winter stehen nicht genug pflanzliche Lebensmittel zur Verfügung und eiweißhaltige Hülsenfrüchte schon gar nicht. Heute hingegen wäre der Verzicht auf Fisch an den Freitagen und den anderen Abstinenztagen kein Problem –

und sollte daher verwirklicht werden. Es gehört zu den Perversionen der religiösen Praxis, dass ausgerechnet am Aschermittwoch und Karfreitag opulente Fischgerichte auf den Tisch kommen.

Über viele Jahrhunderte gelten in etwa die gleichen Abstinenzgebote, die noch im Codex des Kirchenrechts von 1917 (can 1252) enthalten sind: Fleischabstinenz ist geboten an allen Freitagen, am Aschermittwoch, an den Samstagen der Fastenzeit, den vierteljährlichen Quatembermittwochen und -freitagen, den Vortagen von Pfingsten, Mariä Aufnahme in den Himmel, Allerheiligen und Weihnachten. An Sonn- und Feiertagen sowie am Karsamstag ab Mittag ist die Abstinenz aufgehoben. Rechnet man alles zusammen, gibt es vor dem II. Vatikanischen Konzil etwa 72 Tage im Jahr mit verpflichtender Fleischabstinenz.

Im Codex des Kirchenrechts von 1983 finden sich nur noch der Aschermittwoch und der Karfreitag als Fast- und Abstinenztage und die Freitage des Jahres als Abstinenztage, wobei der Fleischverzicht an diesen durch ein anderes Opfer ersetzt werden kann (can 1251). Somit sind Anfang und Ende der Fastenzeit und der Freitag als Wochentag herausgehoben: Ein wöchentlich und ein jährlich wiederkehrender Zeitraum verlangen den Verzicht auf Fleisch – insgesamt etwa 54 Tage im Jahr. Alles andere überlässt die nachkonziliare Fastenordnung der Eigenverantwortung der Glaubenden.

Gegenwärtig werden von säkularen Umwelt- und Tierschutzbewegungen, ausgehend von Nord- und Westeuropa, feste fleischfreie Wochentage propagiert. Das mag der „meatfree Monday", der „Doenderdag Veggiedag" oder der „Fleischfreitag" sein. Mir scheint das eine absolut hilfreiche Entwicklung zu sein. Damit sich der Fleisch essende Mensch dessen bewusst bleibt, dass Fleisch eine besondere Speise ist und keine Selbstverständlichkeit darstellt, ist ein regelmäßiges Innehalten und Verzichten höchst klug und einprägsam. Wenn Menschen einer Stadt oder eines Dorfes das gemeinsam tun, geht es leichter und funktioniert verlässlicher. Der fleischfreie Tag wird dann zum Symbol einer freiwilligen Selbstbegrenzung des Fleischgenusses.

Die Kirche musste in der Zeit des II. Vatikanischen Konzils lernen, dass man einen solchen Wochentag in der modernen Gesellschaft nicht mehr von oben verordnen kann. Vielmehr muss er von der Basis her wachsen. Jedoch sollten sich kirchliche Pfarreien und Einrichtungen unbedingt beteiligen, wenn sich vor Ort eine Bewegung für den fleischfreien Tag rührt. Dass sie dann ihren altbewährten „Veggie-Day", den Freitag, ins Rennen führt, sollte kein Hindernis für eine Zusammenarbeit jenseits der Grenzen von Religion und Weltanschauung sein. Und vielleicht findet dann ja mancher Lust, einmal die gesamten vierzig Tage der Fastenzeit auf Fleisch zu verzichten.

Wie gesagt: Ein fleischfreier Wochentag lässt sich im 21. Jahrhundert nicht mehr von oben verordnen. Das hat die deutsche Partei Bündnis 90/Die Grünen im Bundestagswahlkampf 2013 bitter lernen müssen. In ihrem Wahlprogramm hatte sie die Forderung formuliert, dass Kantinen an einem Tag der Woche ausschließlich vegetarische Gerichte anbieten. Nachdem die Bild-Zeitung diesen Vorschlag am 5.8.2013 unter dem Titel „Die Grünen wollen uns das Fleisch verbieten!" mit Hilfe einer faustdicken Lüge attackierte, führte dies zu einem Aufschrei in fast allen deutschen Medien. In den anderen politischen Parteien wurde Empörung laut. Die Grünen fielen in den Umfragen auf ein Jahrestief, von dem sie sich bis zum Wahltag Ende September nicht mehr erholten. In verschiedenen Umfragen hatten sie zwar ungefähr die Hälfte der Bevölkerung hinter sich, besonders Frauen und jüngere Menschen, aber ihr Image als „Bevormundungspartei" war auf lange Zeit zementiert. An einem solchen Image hat die katholische Kirche schon länger zu knabbern ...

Ein fleischfreier Wochentag lässt sich nicht mehr verordnen. Aber je mehr gesellschaftliche Gruppen sich an der Basis zusammenschließen und einen Veggie-Day propagieren, umso eher kann er ganz von selbst kommen. Er wäre eine heilsame Unterbrechung und Nachdenkpause im immer noch fleischlastigen Alltag deutscher Ernährung. Diese Erfahrung hat sich jedenfalls in 1800 Jahren christlicher Abstinenztage deutlich herauskristallisiert. Schließlich ließe uns ein regelmäßig wiederkehrender fleischfreier Tag eine große innere Freiheit spüren: Wir sind frei, auch einmal nein zu sagen. Wir sind frei von einer sklavischen Sucht nach Fleisch. Wir sind frei, wenigstens einmal pro Woche alternativ zu essen.

3. Tiere besser halten. Fleisch aus ökologischer Tierhaltung

Die Quantität des konsumierten Fleisches ist der eine Aspekt einer umwelt-, tier-, sozial- und gesundheitsverträglichen Ernährung. Die Qualität ist der andere, der gleichberechtigt hinzutritt. Es nützt wenig, wenn jemand seinen Fleischkonsum reduziert, aber weiterhin Billigfleisch aus Intensivtierhaltung einkauft. Nur auf beiden

Beinen lässt sich gut gehen: Weniger Fleisch aus besserer Haltung konsumieren.

Woran aber lässt sich gute Tierhaltung erkennen? Eine Möglichkeit ist es sicher, dass man direkt beim Bauern der Region kauft und sich von dessen guten Tierhaltungsmethoden selbst überzeugt. Wer einen halbwegs kritischen und geübten Blick hat, kann viel erkennen, wenn ihm Einblick gewährt wird. Alternativ kann man auch einem örtlichen Metzger vertrauen, der sich für eine gute Haltung der von ihm geschlachteten Tiere verbürgt.

Allerdings kann man auch getäuscht werden, wenn man zu schnell und unbedenklich Vertrauen schenkt. Bauern und Metzger kennen die Erwartungen ihrer KundInnen, insbesondere wenn diese einen höheren Preis zahlen als im Supermarkt. Da ist die Versuchung naheliegend, diesen KundInnen zu erzählen, was sie hören wollen. Nicht immer werden LandwirtInnen und Metzgereibetriebe dieser Versuchung standhalten.

Aus diesem Grund spielen die Zertifizierungen der ökologischen Landbauverbände eine wichtige Rolle. Zwar bietet auch die ökologische Tierhaltung den Tieren kein Paradies auf Erden. Ökonomische Zwänge und die Konkurrenz mit der billigeren konventionellen Tierhaltung setzen dem Bemühen um artgerechte Haltung Grenzen. Auch KäuferInnen von Biofleisch kennen Schmerzgrenzen beim Preis. Trotzdem ist die Tierhaltung nach den Kriterien der ökologischen Anbauverbände jeder konventionellen Haltung weit überlegen.

Franz-Theo Gottwald[171] führt zehn Gründe an, warum Bio-Fleisch vorzuziehen ist:
- Tierschutz fängt bei einer Tierzucht an, in der die Tiere nicht ausschließlich auf maximalen Ertrag und opti-

mierte Leistung gezüchtet werden, sondern das Tierwohl ein mindestens gleichberechtigtes Zuchtziel darstellt. Das ist in der Ökolandwirtschaft der Fall.
- Bio-Tierhaltung ist nicht im vollen Wortsinn tiergerecht, aber eindeutig tiergerechter als konventionelle Tierhaltung: In der EU-Bio-Verordnung werden ebenso wie in den Vorschriften der Ökolandbauverbände deutlich höhere Standards gesetzt als durch die EU-Verordnungen für konventionelle Tierhaltung.
- Während in der konventionellen Tierhaltung Eingriffe in die körperliche Integrität des Tieres normal sind, also das Kürzen der Hühnerschnäbel, das Kupieren der Schweineschwänze oder das Enthornen der Rinder, ist eine vorbeugende Durchführung solcher Eingriffe in der Ökolandwirtschaft verboten.
- Im Gesundheitsmanagement der Tiere weist der Ökolandbau einen deutlich reduzierten Medikamenteneinsatz auf, weil seine Vorschriften eine erheblich längere Wartezeit zwischen Medikamentengabe und Schlachtung vorschreiben.
- Im Ökolandbau gibt es eine Kopplung des Tierbestands an die Betriebsgröße. Denn die Hälfte der Futtermenge muss vom eigenen Betrieb stammen, und ein guter Teil des Stickstoffaustrags muss auf die eigenen Äcker erfolgen. Damit sind Megabestände von Tieren unmöglich.
- Die Kreislaufwirtschaft des Ökolandbaus sorgt für einen schonenden Umgang mit den Umweltmedien Boden, Luft und Wasser.
- Die Futtermittel der Tiere stammen zur Hälfte aus dem eigenen Betrieb. Hochleistungsfutter, das für die Tiere oft schwer verdaulich ist, darf nicht verwendet werden.

Außerdem ist das Futter zur Gänze aus ökologischem Anbau der Region und belastet damit die Umwelt am wenigsten.
- Fleisch aus ökologischer Tierhaltung enthält weniger Rückstände aus Pflanzenschutzmitteln und ist daher gesünder.
- Tiere in ökologischer Haltung werden nicht mit Gentechnik-Futtermitteln gefüttert. Bei Tieren aus konventioneller Haltung ist das fast sicher der Fall, muss aber auf dem Endprodukt Fleisch nicht gekennzeichnet werden.
- Auch Ökoprodukte können mitunter qualitativ mangelhaft sein. Lebensmittelskandale gibt es nicht nur bei konventionellen Produkten. Aber eine engermaschige Kontrolle durch die Ökolandbauverbände verringert die Wahrscheinlichkeit, einem Betrug zum Opfer zu fallen.

Wer Biofleisch kauft, hat damit zwar keine Berechtigung, sich bequem zurückzulehnen, so als hätte er mehr als genug für Tiere und Umwelt getan. Aber er darf doch das Gefühl haben, eine gute Möglichkeit des Fleischkonsums gewählt zu haben. Dass auch die ökologische Tierhaltung weiter verbessert werden kann und muss, ist darin nicht aus-, sondern eingeschlossen. Der Weg zu einer wirklich gerechten Tierhaltung ist noch weit.

Den Lebensstil einer Minderheit schätzen. Vegetarismus und Veganismus als „evangelischer Rat"

Bereits oben wurde gezeigt, dass eine allgemeine Pflicht zum vegetarischen Leben ethisch nicht hinreichend begründet werden kann. Auch in Gesellschaften, die auf Grund der klimatischen Bedingungen und der technischen Möglichkeiten eine ganzjährige vegetarische Ernährung sicherstellen können, bleiben Tierhaltung und Fleischverzehr auf Grund der systemischen Wechselwirkungen aufs Ganze gesehen nötig – wenn auch in weit niedrigerem Maß als derzeit üblich. Damit ist aber der vegetarische oder vegane Lebensstil noch lange keine ethisch indifferente Option. Vielmehr gibt es gute Gründe, ihn im Sinne einer alten kirchlichen Tradition als „evangelischen Rat" einzustufen.

Der Begriff des „Rates" ist biblisch inspiriert von 1 Kor 7,25. Paulus unterscheidet dort zwischen allgemein verbindlichen Geboten und individuell adressierten Ratschlägen. Ein Rat kann denjenigen absolut bindend verpflichten, der die Begabung dazu hat. Für alle anderen gilt dieser Rat nicht. Die Lebensform dessen, der dem Rat folgt, soll aber für alle eine ständige Erinnerung daran sein, dass es Alternativen zum gängigen Modell eines durchschnittlichen bürgerlichen Lebens gibt.

Ein evangelischer Rat ist also eine ständige Störung der Durchschnittsgesellschaft. Er zeigt: Es geht auch anders! Es gibt Alternativen zum satten, selbstzufriedenen Leben im Mainstream. Dass die Kirche einige Räte im Laufe der Kirchengeschichte offiziell als solche anerkannt hat, zeigt, dass sie diese permanente Störung für notwendig hält, damit sie selbst und die Menschheit als ganze auf dem richtigen Weg bleiben können. Der Mainstream braucht QuerdenkerInnen, die alternativ leben, damit er selbst in Bewegung bleibt. Der Rat der Ehelosigkeit hält die Erinnerung wach, dass Sex nicht alles ist, wie uns der Mainstream vorgaukeln möchte. Der Rat der Armut mahnt, den hohen materiellen Lebensstandard nicht allzu selbstverständlich vorauszusetzen, sondern auch seine Schattenseiten wahrzunehmen. Der Rat des Gehorsams signalisiert die Relativität des Strebens nach Macht.

Die Räte fordern der Kirche als ganzer also einiges ab. Sie sind eine beständige Provokation im Sinne des Evangeliums, weil sie einen Zug der Botschaft Jesu in besonderer Klarheit und Radikalität leben. Damit sie dem Mainstream aber ihre mahnende Botschaft von vorhandenen Alternativen annehmbar machen können, müssen sie mit großer Bescheidenheit, ja Demut auftreten. Sobald sich Menschen, die nach einem oder mehreren der evangelischen Räte leben, den DurchschnittschristInnen moralisch überlegen fühlen, werden diese sich abgrenzen und der Botschaft verschließen. Derjenige, der sich zum Leben nach einem der Räte befähigt und gerufen fühlt, soll das nicht deswegen verwirklichen, weil er damit besser ist als andere Menschen, sondern weil es für ihn ganz persönlich die beste Gestalt eines Lebens aus dem Glauben, eines Lebens in Fülle ist. Ein elitäres Bewusstsein im Sinne des Besonderen ist berechtigt, im Sinne der Überlegenheit nicht. Daher muss jemand, der nach einem Rat lebt, anerkennen, dass dieser keine Pflicht für alle sein kann. Missionarischer Eifer mit dem Ziel, andere zur eigenen Lebensform zu bekehren, ist nicht zu rechtfertigen.

Symboltheoretisch betrachtet geschieht über die Lebensgestalten der evangelischen Räte also eine wechselseitige Kommunikation zwischen denen, die sie leben, und der Mehrheitskirche bzw. Mehrheitsgesellschaft des Mainstreams. Der Mainstream erkennt an, dass die betreffende Lebensform wertvoll ist und Freiheiten eröffnet. Der nach einem Rat Lebende erkennt an, dass der Mainstream nicht der Sünde verfallen ist, sondern ebenfalls wichtige Aufgaben in Kirche und Gesellschaft wahrnimmt.

Nun hat die Kirche bei der Ausgestaltung der evangelischen Räte zwei Fehler gemacht: Sie hat sich, inspiriert von der Ordensregel der Trinitarier 1198 und der Regel des Franz von Assisi 1223, seit dem 13. Jahrhundert auf die Dreizahl von Ehelosigkeit, Armut und Gehorsam als scheinbar abgeschlossenes System festgelegt – und sie hat ebenfalls in Orientierung an diesen beiden Ordensregeln suggeriert, man könne nur entweder alle drei Räte gemeinsam oder keinen von ihnen leben. Beides halte ich für eine theologisch unbegründete Restriktion dieser großartigen Einrichtung.

Ich plädiere also dafür, die Möglichkeit einzuräumen, einen der evangelischen Räte allein zu leben – ohne die Realisierung der anderen. Und ich plädiere dafür, den drei anerkannten Räten weitere hinzuzufügen. Ein neuer evangelischer Rat könnte z. B. im Sinne der Bergpredigt die Gewaltlosigkeit sein, der Verzicht auf körperliche und kriegerische Gewalt auch dort, wo diese ethisch gerechtfertigt wäre (man denke an Mahatma Gandhi oder Martin Luther King). Sie ist biblisch fundiert, jesuanisch gelebt und hat starke symbolische Kraft. Inspiriert von der Vision des Schöpfungsfriedens (Gen 1,1–2,4a; Jes 11,1–9; Mk 1,13 u. a.; siehe das folgende Kapitel) könnte die Gewaltlosigkeit in einem fünften Rat auf die nichtmenschliche Schöpfung bezogen werden und den vegetarischen bzw. veganen Lebensstil, der innerkirchlich bisher exklusiv eine Sache der Ordensleute war, zum mahnenden Zeichen für den Fleisch essenden Mainstream aufwerten. Für diese beiden Räte sehe ich ein gutes biblisches Fundament, eine lange innerkirchliche Tradition kleiner Gruppen und eine hohe Signifikanz für Kirche und Welt der Gegenwart.

Wenn Vegetarismus und Veganismus zum evangelischen Rat deklariert wären, würde das von der Kirche verlangen, dass sie den Mitgliedern, die vegetarisch oder vegan leben, über ihre symbolischen Codierungen eine wertschätzende Einbindung in die größere Gemeinschaft ermöglicht:

– Ansehen und Prestige: Die Kirche müsste jene hochschätzen, die vegetarisch oder vegan leben, und jeder Verächtlichmachung ihrer Lebensgestalt mit Entschiedenheit entgegentreten.
– Zugehörigkeit und Verortung: VegetarierInnen und VeganerInnen hätten über die öffentliche Anerkennung ihrer Lebensgestalt eine neue Zugehörigkeit zur Kirche, trotz und wegen der Differenz zur Lebensgestalt des Mainstreams. Was zunächst trennend wirkt – die unterschiedliche Ernährung –, wird verbindend.
– Lust und Wohlergehen: So wie die gesamte Kirche dafür verantwortlich ist, dass es ehelosen oder arm lebenden OrdenschristInnen gut geht, müsste sie auch Sorge tragen für das Wohlergehen der VegetarierInnen und VeganerInnen in ihren Reihen. Das gälte insbesondere dort, wo miteinander Mahl gehalten wird. Vegetarische und vegane Angebote in kirchlichen Häusern dürften kein lästiges Anhängsel sein, sondern müssten als Premium-Angebote betrachtet werden. Fleischfreie Wochentage

müssten Standard sein, dürften aber nicht als Vorwand für minderwertige Gerichte missbraucht werden.
- Sicherheit und Geborgenheit: Eine klare Verortung von Vegetarismus und Veganismus als evangelischem Rat gäbe Halt und Orientierung für alle. Dem muss aber die Entwicklung praktischer Hilfen für die mitunter ungewohnte Tischgemeinschaft von VegetarierInnen, VeganerInnen und FleischesserInnen folgen.

Umgekehrt wären die vegetarisch oder vegan lebenden ChristInnen gerufen, die acht ethischen Grundhaltungen zu leben, die ein christliches Ethos der Ernährung leiten:
- Dankbar sein für die Begabung, fleischlos leben zu können.
- Demütig gegenüber denen auftreten, die diese Begabung nicht besitzen.
- Ehrfürchtig zurücktreten vor dem Geheimnis, dass alle Lebewesen voneinander leben.
- Gerechtigkeit gegenüber Tieren geduldig, aber beharrlich einfordern.
- Maßvoll bleiben im Blick auf die Gefahr übertriebener Askese.
- Genussfähigkeit entwickeln durch einen lustvollen Verzehr pflanzlicher Speisen.
- Gelassen bleiben mit Blick auf den überzogenen Fleischverzehr vieler Menschen.
- Mit ganzer Hingabe für einen alternativen Umgang mit Tieren eintreten.

Die acht ethischen Grundhaltungen lassen sich als vier Paare interpretieren, die sich jeweils gegenseitig begrenzen und ausgleichen: Damit Dankbarkeit nicht in Überheblichkeit umkippt, braucht sie als Korrektiv die Demut. Damit Demut nicht in mangelndes Selbstwertgefühl umschlägt, bedarf sie ihrerseits der Dankbarkeit. Und analog gehören auch die anderen Grundhaltungen paarweise zueinander. In der Grundspannung dieser vier Paare könnte ein neues, beide Seiten bereicherndes Miteinander entstehen, das auch die Ernährungsgewohnheiten derer verändert, die prinzipiell am Essen von Fleisch festhalten. Und das wäre das Beste, was Kirche und Gesellschaft passieren kann.

5. Tiere als TischgenossInnen wahrnehmen. Die Vision vom Schöpfungsfrieden

Über Franz von Assisi wird folgende Geschichte erzählt: „Etwas Wunderbares, was des rühmenden Andenkens würdig ist, geschah bei der Stadt Gubbio. Da gab es nämlich zu Lebzeiten des seligen Vaters Franz in der Umgebung der Stadt einen Wolf von schrecklicher Größe. In seinem Hunger war er von grimmiger Wildheit, und verschlang nicht nur Tiere, sondern auch Männer und Frauen, so dass sich niemand mehr getraute, unbewaffnet die Stadtmauern zu verlassen. Eine solche Panik hatte alle befallen, dass sich trotz der Waffen kaum einer sicher fühlte, wenn er über das Weichbild der Stadt hinausgehen musste.

Der selige Franz, der gerade nach Gubbio kam, empfand Mitleid mit den Leuten und beschloss, dem Wolf entgegenzutreten. Die Bürger sprachen zu ihm: ‚Hüte dich, Bruder Franz, über das Stadttor hinauszugehen: der Wolf, der schon viele gefressen hat, wird dich jämmerlich töten.'

Der heilige Franz aber setzte seine Hoffnung auf den Herrn Jesus Christus, und so schritt er, nicht mit Schild und Helm gewappnet, sondern unter dem Schutze des heiligen Kreuzzeichens, mit einem Gefährten vor das Stadttor und ging ohne Furcht dem Wolf entgegen.

Und siehe, angesichts der vielen Menschen, die von erhöhten Orten aus zuschauten, rannte der schreckliche Wolf mit offenem Rachen auf den heiligen Franz und seinen Gefährten zu. Der selige Vater aber machte über diesen das Zeichen des Kreuzes, und die göttliche Kraft, die von ihm wie von dem Gefährten ausging, zähmte den Wolf: er hielt plötzlich inne und der schaurig aufgesperrte Rachen schloss sich. Franz rief ihn her und sprach: ‚Komm zu mir, Bruder Wolf! Im Namen Christi befehle ich dir, weder mir noch sonst jemandem einen Harm zu tun!' Und wunderbar, auf das Kreuzzeichen hin schloss das Untier den wilden Rachen, und wie der Heilige ihm geboten, kam es gesenkten Kopfes heran und legte sich gleich einem Lamm zu seinen Füßen.

Wie er so vor ihm dalag, sprach der heilige Franz: ‚Bruder Wolf, du richtest viel Schaden in dieser Gegend an und hast schlimme Übeltaten verbrochen, da du Gottes Geschöpfe erbarmungslos umgebracht hast. Und nicht nur Tiere tötest du, sondern, was noch schlimmer ist, du wagst es, Menschen, nach Gottes Bilde geschaffen, umzubringen und zu verschlingen! Darum verdienst du, dass man dich als Räuber und bösen Mörder einem schrecklichen Tod überliefert. Alle klagen mit Recht über dich und sind dir böse, und die ganze Gegend ist dir feind. Aber jetzt, Bruder Wolf, will ich zwischen dir und den Leuten Frieden stiften. Es darf keinem mehr ein Leid von dir geschehen, und sie sollen dir alle vergangenen Missetaten erlassen, und weder Menschen noch Hunde sollen dich weiter verfolgen.'

Da gab der Wolf zu erkennen, dass er auf den Vorschlag einging, worauf der Heilige mit seiner Rede fortfuhr: ‚Weil du damit einverstanden bist, diesen Frieden zu schließen, verspreche ich dir: Ich will dir, solange du lebst, durch die Leute dieser Gegend deine tägliche Kost verschaffen. Du wirst keinen Hunger mehr leiden müssen; denn ich weiß sehr wohl, du tust alles Schlimme nur vom Hunger getrieben. Aber du musst mir versprechen, dass du nie wieder einem Tier oder Menschen ein Leid zufügst. Versprichst du das?' Der Wolf gab durch Kopfnicken deutlich zu erkennen, dass er einverstanden sei, und legte dem heiligen Franz zum Zeichen seiner Treue seine Tatze in die Hand.

Zuletzt sprach der Heilige: ‚Bruder Wolf, nun komm ohne Bangen mit mir zu den Häusern der Menschen, damit wir im Namen des Herrn diesen Frieden besiegeln!' Und der Wolf gehorchte und folgte dem heiligen Franz gleich einem sanften Lamme. Wie das die Leute sahen, waren sie aufs höchste verwundert und liefen alle, Männer und Frauen, groß und klein auf dem Marktplatz zusammen, wo sich der Heilige mit dem Wolf befand. Vor der Menge des Volkes sagte der heilige Franz: ‚Höret denn, meine Lieben, dieser Bruder Wolf, der vor euch steht, hat mir versprochen, dass er Frieden mit euch schließen will. Niemandem von euch wird er ein Leides tun, sofern ihr ihm versprecht, für seinen täglichen Unterhalt aufzukommen. Ich verbürge mich für Bruder Wolf, dass er den Friedensvertrag getreulich achten wird.'

Da versprachen alle Versammelten mit lautem Zuruf, sie wollten fortan den Wolf ernähren. Und der Wolf lebte noch einige Jahre und ließ sich von Tür zu Tür die Nahrung geben, ohne jemand ein Leid zu tun; und auch die Leute taten ihm nichts und fütterten ihn freundlich. Und sonderbar, nie bellte ein Hund gegen ihn. – Zu Lob und Ehren des Herrn Jesus Christus."[172]

In vormoderner Zeit war es eher der Mensch, der Angst vor Tieren hatte, als das Tier, das Angst vor dem Menschen haben musste. In der industrialisierten Moderne hat sich dieses Machtgefälle umgekehrt. Jetzt ist es meistens das Tier, das Angst haben muss. Doch der Konflikt zwischen Mensch und Tier ist geblieben. Nicht weil Mensch oder Tier böse wären. Sondern schlicht und ergreifend deshalb, weil sie KonkurrentInnen um dieselben knappen Ressourcen des Planeten Erde sind.

In der Legende vom Wolf von Gubbio gibt Franziskus zu erkennen, dass er um den Hunger des Wolfes weiß und ihn als Ursache der Konflikte ausmacht. Der Friedensvertrag, den er den beiden Konfliktparteien vorlegt, enthält daher klare Abmachungen über Rechte und Pflichten beider Parteien: Der Wolf erhält Anspruch auf ausreichende Nahrung, die Menschen erhalten die Sicherheit, dass der Wolf sie nicht mehr bedroht. Die Legende ist damit ein sprechendes Beispiel für den uralten Menschheitstraum vom Frieden zwischen Mensch und Tier.

Ohne Träume kann der Mensch nicht leben.[173] Er braucht das, was wir „Utopie" nennen: Die modellhafte Veranschaulichung eines Leitbildes, nach dem er sein Leben orientiert und auf das hin er den Alltag gestaltet. In einem solchen Leitbild ist der gesamte Werthorizont eines Menschen dargestellt: Die Summe all dessen, was sein Leben sinnvoll und lebenswert macht. Dass eine derartige Utopie in diesem Leben immer unerfüllbar bleibt, dass der Mensch sich ihr nur in kleinen, oft unmerklichen

Schritten annähern kann, liegt auf der Hand. Und doch wäre das Leben ohne sie ziel- und orientierungs-, ja hoffnungslos.

In der Bibel werden mehrere derartige Leitvisionen angeboten und in bildhaften Erzählungen illustriert. Eine der größten und bedeutendsten biblischen Utopien ist die messianisch-eschatologische Vision vom Schöpfungsfrieden, die an rund zehn Stellen im Alten und Neuen Testament entfaltet wird. Sie beschreibt das Zusammenleben aller Geschöpfe in einer heilen Gemeinschaft von Gerechtigkeit und Frieden.

Schon die erste Schöpfungserzählung Gen 1,1–2,4a entwirft „als positive Utopie für den Umgang mit der Schöpfung ein friedliches und gewaltfreies Verhältnis zwischen Mensch und Tier"[174]. Die Lebewesen leben in ihnen je zugeeigneten Lebensräumen, es ist genug Platz für alle, sie haben ausreichend Nahrung, die ausschließlich pflanzlich ist. Auf dieses Ziel hin hat Gott die Welt geschaffen und gewollt: „Dass das kostbarste Gut im Lebenshaus der Schöpfung das glückende Leben aller Lebewesen ist, entfaltet Gen 1,29f mit einem Friedensbild, das wir gerade heute als fortschrittskritisches Paradigma meditieren und konkretisieren müssen ... Der zentrale Punkt dieser Utopie ist ein Zusammenleben aller Lebewesen ohne Gewalt."[175]

Noch deutlicher drücken es die Prophetentexte aus (Hos 2,20f; Jes 32,15–20; 65,25; Ez 34,25–30 und vor allem Jes 11,1–9): Der Messias wird Recht und Gerechtigkeit schaffen, es wird Friede herrschen, der nicht nur dem Volk Israel gilt, sondern die Tiere und die gesamte Schöpfung einschließt. Wolf und Lamm, Panter und Böcklein, Kalb und Löwe, Kuh und Bärin und ihre Jungen, Schlange und Säugling wohnen beieinander, und der Löwe frisst Stroh wie das Rind. In dieser Aufzählung werden jeweils ein domestiziertes und ein wildlebendes Tier zusammengebracht, außerdem jeweils ausgewachsene Tiere und Jungtiere sowie männliche und weibliche Tiere. Differenzierter könnte man nicht verdeutlichen, dass alle Lebewesen in den großen Frieden des Messias einbezogen sind.

Neutestamentlich wird dieses Motiv nur einmal ausdrücklich aufgegriffen, allerdings an höchst prominenter Stelle: In Mk 1,13 – also im programmatischen Prolog des Markusevangeliums – wird berichtet, dass die wilden Tiere Jesus während seines vierzigtägigen Aufenthalts in der Wüste Gemeinschaft leisten. In Christus, dem neuen Adam, bricht das messianische Zeitalter an, das uns den schon im Paradies angelegten Schöpfungsfrieden bringt. In ihm bricht Gottes Herrschaft und Reich an – ein Reich, das nicht nur die Menschen, sondern alle Geschöpfe einschließen will. In ihm ist der Kreislauf der Gewalt gegen die Schöpfung durchbrochen und dem Menschen die Möglichkeit eröffnet, selbst als neue Schöpfung zu leben.

Was bedeutet es für die Tierethik, wenn sie von einer solchen Vision geleitet ist? Ganz klar: Sie wird sich nicht mit dem Status quo der Tierhaltung und Tiertötung zufriedengeben können. Sie wird vielmehr beständig fragen, ob nicht ein nächster Schritt möglich ist, die Situation der Tiere zu verbessern. Sie weiß: Die Vision ist ein unerreichbares Ziel. Aber hier und heute gilt es, auf dieses Ziel zuzugehen. Ohne an ein Ende zu kommen, doch auch ohne stehenzubleiben und die Hände selbstzufrieden in den Schoß zu legen. Damit stellt eine solche in einer „eschatologischen", d.h. auf die Endzeit ausgerichteten Spannung befindliche Tierethik den TierschützerInnen die Frage, ob sie die nötige Geduld aufbringen, mit kleinen Fortschritten zufrieden zu sein, wenn diese kontinuierlich erfolgen. Und sie stellt TiernutzerInnen die Frage, ob sie die Konsequenz aufbringen, nach einer vollzogenen Verbesserung für die Tiere sofort nach der nächsten Verbesserungsmöglichkeit zu fragen.

In der biblischen Vision vom Schöpfungsfrieden sind die Tiere nicht mehr NahrungslieferantInnen, sondern TischgenossInnen. Mensch und Tier sitzen gemeinsam am reich gedeckten Tisch des Lebenshauses der Schöpfung. In manchen Gegenden des deutschsprachigen Raums gibt es den Brauch, dass der Bauer oder die Bäuerin den Tieren an Ostern ein Stück vom gesegneten Osterbrot füttert. Man kann diesen Brauch magisch interpretieren – als Aberglauben, dass das Osterbrot das Tier gesundhält. Man kann darin aber auch ein Symbol dafür sehen, dass Mensch und Tier Kumpane im wörtlichen Sinne sind: Lebewesen, die miteinander das Brot teilen.

VeganerInnen und VegetarierInnen können jene, die tagtäglich vor Fleischbergen sitzen, daran erinnern. Das ist eine vornehme und unverzichtbare Aufgabe.

Anmerkungen

1 Ludwig Feuerbach 1971, 367
2 David Sutton 2008, 157–159
3 vgl. Jakob Tanner 2003, 27–52
4 Rod Preece 2008, 12
5 vgl. Claus Leitzmann 2012, 10–13
6 Bundesministerium für Ernährung, Landwirtschaft und Verbraucherschutz 2008, 97
7 Ted C. Schroeder et al. 1995, 28
8 Bundesministerium für Ernährung, Landwirtschaft und Verbraucherschutz 2008b, 44
9 Heinrich-Böll-Stiftung 2014, 16
10 Ebd., 15
11 Ingrid Hoffmann/Achim Spiller (Hg.) 2010, 39
12 Eva Barlösius 1999, 118–122
13 Catharine R. Gale et al. 2007, 245
14 Sabine Weick 2013, 73–76
15 Ebd., 5
16 Lehrstuhl für Allgemeine Soziologie der Technischen Universität Dortmund 2015
17 Ebd.
18 Jenny Achilles 2015, 84.89
19 Ebd., 92
20 Ebd., 96
21 Ebd., 97
22 Lehrstuhl für Allgemeine Soziologie der Technischen Universität Dortmund 2015
23 Michael W. Allen et al. 2000, 405–422
24 Massimo Filippi et al. 2011, 1–9
25 Ebd.
26 Vgl. u.a. Bernd-Udo Rinas 2012, 53–54
27 Theresa Bäuerlein 2011, 9
28 Ebd., 8
29 Janice Stanger 2011, 10
30 Vgl. Kersten Augustin 2015
31 Ebd.
32 OECD-FAO Agricultural Outlook 2015
33 Kersten Augustin 2015
34 Rafi Grosglik, zitiert nach Kersten Augustin 2015

35 Lisa Nienhaus in: Frankfurter Allgemeine Zeitung vom 15.9.13
36 Claudia Ehrenstein, in: Die Welt, 12.5.14
37 Vgl. dazu Michael Rosenberger 2014, 320–339
38 Hesiod, Erga 109–119
39 Elisabeth S. Vrba 1993, 47–51; vgl. auch Urs Dierauer in: Manuela Linnemann/Claudia Schorcht (Hg.) 2001, 9–72
40 Walter Burkert 1972, 24–25
41 Nan Mellinger 2003, 17–18
42 Ebd.
43 Ebd., 39–44
44 Rod Preece 2008, 73–75
45 Ebd., 68
46 Ebd., 69
47 Stephanie Kaza 2005, 399–400
48 Rod Preece 2008, 73
49 Hans-Jürgen Teuteberg 1994, 37
50 Urs Dierauer in: Manuela Linnemann/Claudia Schorcht (Hg.) 2001, 16
51 Vgl. Hans-Jürgen Teuteberg 1994, 37–38; Rod Preece 2008, 76–93; Urs Dierauer in: Manuela Linnemann/Claudia Schorcht (Hg.) 2001, 16
52 Politikos 271c–272d
53 Politeia 372a–373d
54 Urs Dierauer in: Manuela Linnemann/Claudia Schorcht (Hg.) 2001, 21–22
55 Porphyrios, De abstinentia 1, 13–26; s.u.
56 Urs Dierauer in: Manuela Linnemann/Claudia Schorcht (Hg.) 2001, 24–26
57 Cicero, De natura deorum 2, 154–162
58 Urs Dierauer in: Manuela Linnemann/Claudia Schorcht (Hg.) 2001, 29–30
59 Ebd., 32
60 Deutscher Text in Heike Baranzke et al. 2000, 138–149
61 Urs Dierauer in: Manuela Linnemann/Claudia Schorcht (Hg.) 2001, 35–45
62 De esu carnium 994 C
63 De abstinentia 3, 19
64 De esu carnium 993 C–994 A
65 Cato maior 5
66 De esu carnium 998 F
67 De sollertia animalium 959 D–960 A; De esu carnium 996 A–B
68 De esu carnium 995 D–996 A
69 Ebd., 994 F–995 D; 998 C
70 Ebd., 994 E

71 Urs Dierauer in: Manuela Linnemann/Claudia Schorcht (Hg.) 2001, 45–49; deutscher Text in Heike Baranzke et al. 2000, 151–163
72 De abstinentia 1,38
73 Ebd., 1,42
74 Ebd., 1,46
75 Ebd., 1,33.37f; 2,43; 3,27
76 Ebd., 1,47
77 Ebd., 1,57
78 Ebd., 2,12
79 Ebd., 2,13
80 Ebd., 2,22
81 Ebd., 3,13
82 Ebd., 3,18
83 Ebd., 3,20
84 Ebd., 3,25
85 Ebd., 3,26
86 Ebd., 3,18.26
87 Ebd., 3,27
88 Massimo Montanari 1994, 12–18
89 Ebd., 16
90 Edda Kap. 38
91 Massimo Montanari 1994, 18–23
92 Vgl. zum Folgenden v.a. Michael Rosenberger 2012a, 193–197
93 Commentarium in Genesim I, 6
94 Susanne Fritsch 2008, 65
95 AP 217; 226
96 AP 566; 593; 787; 974f
97 AP 169
98 AP 318; 919
99 Vgl. Johannes Cassian, Unterredungen mit den Vätern 12, 11
100 Adversus haereses 1, 24, 2; 1, 28, 1
101 Adversus Iovinianum I, 18; II, 5–17; Epistula 117, 7
102 Regula Virginum 71, 7–9
103 Regula Magistri 53, 56–60; RB 36, 9; 39, 11
104 Consuetudines Cartusiae 33
105 Exordium Cistercii et Capitula 13
106 Susanne Fritsch 2008
107 Meta Niederkorn-Bruck 1994, 78
108 Ebd., 77
109 Ebd., 75–76; vgl. Albert Groiss 1999, 187
110 Albert Groiss 1999, 185–188
111 Vgl. Rod Preece 2008, 148–150
112 Lenaert Leys; 1554–1623; vgl. Rod Preece 2008, 151

113 Vgl. Rod Preece 2008, 151–153
114 Arouna P. Quédraogo 2000, 826–828
115 Ebd., 831–835
116 Ebd., 835–837
117 Ebd., 836–840
118 Ebd., 840–842
119 Hans-Jürgen Teuteberg 1994, 33–65
120 Claus Leitzmann 2012, 53–89; vgl. auch Carolin Möhrke, in: Lieske Voget-Kleschin et al. (Hg.) 2014, 295–314
121 Claus Leitzmann 2012, 60
122 Ebd., 100–109
123 Ebd., 14
124 Ebd., 43
125 Ebd., 45
126 Ebd., 44
127 Michael Rosenberger 2015, 57–86
128 Vgl. Michael Rosenberger 2015, 132–135
129 Papst Franziskus 2015, Enzyklika Laudato si' Nr. 77
130 Ebd., Nr. 89 und 92
131 John Rawls 1975, 150
132 Ebd., 152
133 UNCTAD 2013, 251
134 Gottfried Bachl 2008, 35
135 Theresa Bäuerlein 2011, 29–30
136 Rainer Luick, in: Lieske Voget-Kleschin et al. (Hg.) 2014, 147
137 United States Department of Agriculture (USDA) 2011
138 Anita Idel, in: Lieske Voget-Kleschin et al. 2014, 154
139 Ebd., 153
140 Michael Rosenberger 2008, 5–14
141 Jenny Achilles 2015, 92
142 Theresa Bäuerlein 2011, 10
143 Gabriel Hevenesi 1705, 230–231
144 Rundbrief der hessischen Kirche vom Oktober 1944, Martin Luther zugeschrieben
145 Ernst-Wolfgang Böckenförde 1976, 60
146 Massimo Montanari 1994, 24–30; Michael Rosenberger 2014, 353–354
147 Maximus von Turin, Sermo 28, 3, 70
148 Aurelius Augustinus, Enarrationes in Psalmos 83, 1, 22
149 Aurelius Augustinus, Confessiones 5, 13, 23; vgl. Massimo Montanari 2012, 155–158
150 Jakob Tanner 1996, 403
151 Ibrahim Elmadfa (Hg.) 2012, 318
152 Tanja Dräger in: Lieske Voget-Kleschin et al. (Hg.) 2014, 218–219

153 Karl Ludwig Schweisfurth 2014, 38–42
154 Bundesministerium für Ernährung, Landwirtschaft und Verbraucherschutz 2008b, 44
155 Carol J. Adams 2002, 41–70
156 Nan Mellinger 2003, 144
157 Carol J. Adams 2002, 71–95
158 Zum Folgenden Barbara E. Willard 2002, 76–95
159 Ebd., 76–95
160 Vgl. Sebastian Buschmann/Eike Meyer 2013, 55
161 Ebd., 9
162 Anette Cordts et al. 2013, 7
163 Ignatius von Loyola, Exerzitienbuch Nr. 2
164 Massimo Montanari 2012, 245
165 Ebd., 245–259
166 Ebd., 69–79
167 Ebd., 82–83
168 Ebd., 194–210
169 Ebd., 88–99
170 Ebd., 88–99
171 Franz-Theo Gottwald 2015
172 I Fioretti di San Francesco, Kap. 21; die „Blümlein" des heiligen Franziskus sind eine Sammlung von Legenden über Franz von Assisi aus dem 14. Jahrhundert; deutsche Übersetzung nach Matthias Petzold 2001
173 Vgl. zum Folgenden Michael Rosenberger 2014, 351–353
174 Bernhard Irrgang 1992, 130
175 Erich Zenger 1989, 142

Literatur

Jenny Achilles 2015, Fleischverzicht in modernen Gesellschaften. Eine vergleichende Untersuchung zu Vegetarismus und Veganismus im Spannungsfeld zwischen Ernährung und Lebensstilkonzept, Saarbrücken.

Carol J. Adams 1990, The Sexual Politics of Meat. A Feminist-Vegetarian Critical Theory, London u. a. (deutsch 2002, Zum Verzehr bestimmt. Eine feministisch-vegetarische Theorie, Wien/Mühlheim an der Ruhr).

Michael W. Allen/Marc Wilson/Sik Hung Ng/Michael Dunne 2000, Values and Beliefs of Vegetarians and Omnivores, in: The Journal of Social Psychology 140,405–422.

Kersten Augustin 2015, Warum in Israel die meisten Veganer der ganzen Welt leben, in: Frankfurter Allgemeine Zeitung vom 30. 9. 15, www.faz.net/aktuell/stil/essen-trinken/warum-israel-das-veganstelandd-der-welt-ist-13812715.html (22. 1. 16).

Gottfried Bachl 2008, eucharistie. macht und lust des verzehrens, St. Ottilien.

Theresa Bäuerlein 2011, Fleisch essen, Tiere lieben. Wo Vegetarier sich irren und was Fleischesser besser machen können, München.

Heike Baranzke/Franz-Theo Gottwald/Hans Werner Ingensiep 2000, Leben Töten Essen. Anthropologische Dimensionen, Stuttgart/Leipzig.

Eva Barlösius 1999, Soziologie des Essens. Eine sozial- und kulturwissenschaftliche Einführung in die Ernährungsforschung, Weinheim/München.

Ernst-Wolfgang Böckenförde 1976, Staat, Gesellschaft, Freiheit, Frankfurt am Main.

Walter Burkert 1972, Homo Necans, Berlin/New York.

Sebastian Buschmann/Eike Meyer 2013, Ökonomische Instrumente für eine Senkung des Fleischkonsums in Deutschland. Beiträge zu einer klima- und umweltgerechteren Landwirtschaft, Hamburg/Berlin, in: www.meine-landwirtschaft.de/fileadmin/files/meine-land wirtschaft/Studien_usw/Studie_Instrumente_zur_Fleischkonsum senkung.pdf (12. 12. 15).

Kath Clements 2010[6], Vegan. Über Ethik in der Ernährung & die Notwendigkeit eines Wandels, Göttingen.

Anette Cordts/Achim Spiller/Sina Nitzko/Harald Grethe/Nuray Duman 2013, Fleischkonsum in Deutschland. Von unbekümmerten Fleischessern, Flexitariern und (Lebensabschnitts-)Vegetariern, in: Fleisch-Wirtschaft vom 23. 7. 2013.

Catherine-Marie Dubreuil 2013, Libération animale et végétarisation du monde. Ethnologie de l'antispécisme français, Paris.

Ibrahim Elmadfa (Hg.) 2012, Österreichischer Ernährungsbericht 2012, Wien, in: http://ernaehrungsbericht.univie.ac.at/ernaehrungsberichte-1998-2012/(4. 12. 15).

Ludwig Feuerbach 1971, Die Naturwissenschaft und die Revolution, in: Gesammelte Werke Bd. 10, Berlin.

Massimo Filippi/Gianna Riccitelli/Andrea Falini/Francesco Di Salle/ Patrik Vuilleumier/Giancarlo Comi/Maria A. Rocca 2010, The Brain Functional Networks Associated to Human and Animal Suffering Differ among Omnivores, Vegetarians and Vegans, in: PLOS ONE 5/5,1–9, in: http://journals.plos.org/plosone/article?id=10.1371/journal.pone.0010847 (23. 1. 16).

Massimo Filippi/Gianna Riccitelli/Alessandro Meani/Andrea Falini/ Giancarlo Comi/Maria A. Rocca 2012, The »Vegetarian Brain«: Chatting With Monkeys and Pigs? In: Brain Structure and Function, Sept. 2012, https://foodethics.univie.ac.at/fileadmin/user_upload/p_foodethik/Filippi__M._2012._The_Vegetarian_Brain_ Chatting_With_Monkeys_and_Pigs.pdf (15. 12. 15).

Martina Frei 2011, Vegetarismus. Beweggründe einer Lebensweise, Wettingen.

Susanne Fritsch 2008, Das Refektorium im Jahreskreis. Norm und Praxis des Essens in Klöstern des 14. Jahrhunderts, Wien/München.

Catharine R. Gale/Ian J. Deary/Ingrid Schoon/G. David Batty 2007, IQ in childhood and vegetarianism in adulthood: 1970 British cohort study, in: British Medical Journal 334, 245, in: www.ncbi.nlm.nih. gov/pmc/articles/PMC1790759/pdf/bmj-334-7587-res-00245-el.pdf (12. 12. 15).

Franz-Theo Gottwald 2015, Bio-Tierhaltung – ethisch geboten. Zehn Gründe, warum Bio vorzuziehen ist, München, in: www.schweisfurth-stiftung.de/wp-content/uploads/2015/12/10-Fakten-zur-Biotierhaltung.pdf (20. 1. 16).

Albert Groiss 1999, Spätmittelalterliche Lebensformen der Benediktiner von der Melker Observanz vor dem Hintergrund ihrer Bräuche. Ein darstellender Kommentar zum Caeremoniale Mellicense des Jahres 1460, Münster.

Angela Grube 2010[2], Vegane Biografien. Narrative Interviews und biografische Berichte von Veganern, Stuttgart.

Marlene Halser (Hg.) 2013[2], Go vegan! Warum wir ohne tierische Produkte glücklicher und besser leben, München.

Gabriel Hevenesi 1705, Scintillae Ignatianae, Wien.

Ingrid Hoffmann/Achim Spiller (Hg.) 2010, Auswertung der Daten der Nationalen Verzehrsstudie II (NVS II): eine integrierte verhaltens- und lebensstilbasierte Analyse des Bio-Konsums, Karlsruhe/Göttingen http://orgprints.org/18055/1/18055-08OE056_08OE069-MRI_uni-goettingen-hoffmann_spiller-2010-verzehrsstudie.pdf (12.12.15).

Bernhard Irrgang 1992, Christliche Umweltethik. Eine Einführung, München/Basel.

Stephanie Kaza 2005, Western Buddhist motivations for Vegetarianism, in: Worldviews. Environment, culture, religion 9,385–411.

Lierre Keith 2013, Ethisch Essen mit Fleisch. Eine Streitschrift über nachhaltige und ethische Ernährung mit Fleisch und die Missverständnisse und Risiken einer streng vegetarischen und veganen Lebensweise, Lünen.

Markus Keller/Claus Leitzmann/Andreas Hahn 2015, Alternative Ernährungsformen. Von Ayurveda bis vegan, Stuttgart.

Peter Kunzmann/Michael Rosenberger, Ethik der Jagd und Fischerei, in: Herwig Grimm/Carola Otterstedt (Hg.), Das Tier an sich? Disziplinen übergreifende Perspektiven für neue Wege im wissenschaftsbasierten Tierschutz, Göttingen 2012, 297–314.

Claus Leitzmann 2011, Vegetarismus. Mehr als ein Ernährungsstil, in: Biologie in unserer Zeit 41, 124–131.

Claus Leitzmann 2012^4, Vegetarismus. Grundlagen, Vorteile, Risiken, München.

Manuela Linnemann/Claudia Schorcht (Hg.) 2010^2, Vegetarismus. Zur Geschichte und Zukunft einer Lebensweise, Erlangen.

Nan Mellinger 2003^2, Fleisch. Ursprung und Wandel einer Lust; eine kulturanthropologische Studie, Frankfurt am Main.

Massimo Montanari 1994, La fame e l'abbondanza: storia dell'alimentazione in Europa, Roma/Bari.

Massimo Montanari 2012, Gusti del Medioevo: i prodotti, la cucina, la tavola, Roma/Bari.

Meta Niederkorn-Bruck 1994, Die Melker Reform im Spiegel der Visitationen, Wien/München, 75–79.

Matthias Petzold 2001, Der Wolf von Gubbio (Über die Verwandlung von Gewalt), in: www.petzold-jazz.de/Texte/Franziskaner/Der_Wolf_von_Gubbio/der_wolf_von_gubbio.html (20.1.16).

Rod Preece 2008, Sins of the flesh. A history of ethical vegetarian thought, Vancouver.

Arouna P. Quédraogo 2000, De la secte religieuse à l'utopie philanthropique. Genèse sociale du végétarisme occidental, in: Annales. Histoire, Sciences Sociales 55,825–845.

John Rawls 1975, Eine Theorie der Gerechtigkeit, Frankfurt am Main.

Bernd-Udo Rinas 2012, Veganismus. Ein postmoderner Anarchismus bei Jugendlichen? Berlin.
Michael Rosenberger 2001^1/2008^2, Im Zeichen des Lebensbaums. Ein theologisches Lexikon der christlichen Schöpfungsspiritualität, Würzburg.
Michael Rosenberger 2001a, Was dem Leben dient. Schöpfungsethische Weichenstellungen im konziliaren Prozess der Jahre 1987–89, Stuttgart.
Michael Rosenberger 2004, „Nicht bis zum letzten Blutstropfen …". Das Schlachten von Tieren in den monotheistischen Religionen, in: Andreas Lob-Hüdepohl (Hg.), Ethik im Konflikt der Überzeugungen, Freiburg i. B./Freiburg i. Ue., 154–164.
Michael Rosenberger 2008, „Waid-Gerechtigkeit". Grundzüge einer christlichen Ethik der Jagd, in: Lehr- und Forschungsanstalt für Land- und Forstwirtschaft (Hg.), Jagd und Jäger im Visier – Perspektiven für die Freizeitjagd in unserer Gesellschaft, Irdning, 5–14.
Michael Rosenberger 2009, Mensch und Tier in einem Boot. Eckpunkte einer modernen theologischen Tierethik, in: Carola Otterstedt/Michael Rosenberger (Hg.), Gefährten, Konkurrenten, Verwandte. Die Mensch-Tier-Beziehung im wissenschaftlichen Diskurs, Göttingen, 368–389.
Michael Rosenberger 2012a, Bei Tageslicht speisen (RB 41,8–9). Essen und Trinken in der Regel Benedikts, in: Geist und Leben 85,182–198.
Michael Rosenberger 2012b, Mit Noach in der Arche, mit Jesus im Paradies. Neuere Ansätze der theologischen Tierethik, in: Herwig Grimm/Carola Otterstedt (Hg.), Das Tier an sich? Disziplinen übergreifende Perspektiven für neue Wege im wissenschaftsbasierten Tierschutz, Göttingen, 14–36.
Michael Rosenberger 2014a, Im Brot der Erde den Himmel schmecken. Ethik und Spiritualität der Ernährung, München.
Michael Rosenberger 2014b, Füttern und gefüttert werden. Tierethische Aspekte menschlicher Ernährung, in: Theologisch-praktische Quartalschrift 162, 158–165.
Michael Rosenberger 2015, Der Traum vom Frieden zwischen Mensch und Tier. Eine christliche Tierethik, München.
Matthias Rude 2013, Antispeziesismus. Die Befreiung von Mensch und Tier in der Tierrechtsbewegung und der Linken, Stuttgart.
Ted C. Schroeder/Andrew Barkley/Kathi Schroeder 1995, Income Growth and International Meat Consumption, in: Journal of international food and agribusiness marketing 7/3,15–30.
Karl Ludwig Schweisfurth 2014, Symbiosen. Zum Nutzen unserer Nutztiere … Das Experiment Symbiotische Landwirtschaft, Herrmannsdorf/München.

Monika Setzwein 2004, Ernährung – Körper – Geschlecht, Wiesbaden.

Hilal Sezgin 2015, Artgerecht ist nur die Freiheit. Eine Ethik für Tiere oder Warum wir umdenken müssen, München.

Janice Stanger 2011, Vegan from the Insight: Why people love plant-based diets, ohne Ortsangabe http://perfectformuladiet.com/wp-content/uploads/2011/02/Vegan-from-the-Inside-rept.pdf (12.12.15).

David Sutton 2008, A Tale of Easter Ovens: Food and Collective Memory, in: Social Research 75, 157–180.

Jakob Tanner 2003, Modern Times: Industrialisierung und Ernährung in Europa und den USA im 19. Und 20. Jahrhundert, in: Felix Escher/ Claus Buddeberg (Hg.) 2003, Essen und Trinken zwischen Ernährung, Kult und Kultur, Zürich, 27–52.

Hans-Jürgen Teuteberg 1994, Zur Sozialgeschichte des Vegetarismus, in: Vierteljahrsschrift für Sozial- und Wirtschaftsgeschichte 81,33–65.

Lieske Voget-Kleschin/Leonie Bossert/Konrad Ott (Hg.) 2014, Nachhaltige Lebensstile. Welchen Beitrag kann ein bewusster Fleischkonsum zu mehr Naturschutz, Klimaschutz und Gesundheit leisten? Weimar (Lahn).

Elisabeth S. Vrba 1993, The Pulse That Produced Us, in: Natural History 5/1993,47–51.

Sabine Weick 2013, Jung, männlich, vegan. Warum junge Männer zu Veganern werden; eine essbiographische Fallstudie, Stuttgart.

Barbara E. Willard 2002, The American Story of Meat. Discursive Influences on Cultural Eating Practice, in: the journal of popular culture. Comparative studies in the world´s civilizations 36,105–118.

Erich Zenger 1989, „Du liebst alles, was ist ...". Biblische Perspektiven für einen erneuerten Umgang mit der Schöpfung, in: Bibel und Kirche 44,138–147.

Quellen

Bundesministerium für Ernährung, Landwirtschaft und Verbraucherschutz 2008, Nationale Verzehrsstudie II, Ergebnisbericht Teil I, Berlin, in: www.was-esse-ich.de/ (11.12.15).

Bundesministerium für Ernährung, Landwirtschaft und Verbraucherschutz 2008b, Nationale Verzehrsstudie II, Ergebnisbericht Teil II, Berlin, in: www.mri.bund.de/NationaleVerzehrsstudie (26.10.13).

Food and Agriculture Organization (FAO) 2010, State of Food and Agriculture: Livestock in the Balance, in: www.fao.org/docrep/012/ i0680e/i0680e.pdf (15.12.15).

Friedrich-Schiller-Universität Jena 2007, Ergebnisse der Vegetarierstudie, in: www.vegetarierstudie.uni-jena.de/ (11.2.14 – am 15.12.15 nicht mehr abrufbar).

Heinrich-Böll-Stiftung 2014, Fleischatlas extra: Abfall und Verschwendung, ohne Ortsangabe https://ba.boell.org/sites/default/files/uploads/2014/12/fleischatlas2014-extra.pdf (12.12.15).

Lehrstuhl für Allgemeine Soziologie der Technischen Universität Dortmund 2015, Szeneprofil: Veganer, in: www.jugendszenen.com (15.12.15).

OECD-FAO Agricultural Outlook 2015, Meat Consumption, in: https://data.oecd.org/agroutput/meat-consumption.htm (22.1.16).

Schweizer Tierschutz STS 2011, Freihandel und Tierschutz: Ein Vergleich Schweiz – EU, Basel, in: http://bio-markt.info/easyCMS/FileManager/Dateien/Freihandel_Schweiz_2011.pdf (11.1.16).

Statista 2014, Umfrage zur Ernährungsweise in Deutschland, in: http://de.statista.com/statistik/daten/studie/321923/umfrage/umfrage-zur-ernaehrungsweise-in-deutschland/(4.12.15).

United Nations Conference on Trade and Development (UNCTAD) 2013, Trade and Environment Review 2013. Wake up before it is too late, Genf, in: http://unctad.org/en/PublicationsLibrary/ditcted2012d3_en.pdf (15.12.15).

United States Department of Agriculture (USDA) 2011, Putting Dairy Cows Out to Pasture: An Environmental Plus, in: Agricultural Research magazine May/June 2011, http://agresearchmag.ars.usda.gov/2011/may/cows (15.12.15).